AF378157

TRY! トライ！

日本語能力試験 N3

Japanese Language Proficiency Test

文法から伸ばす日本語

ABK ♦ 公益財団法人 アジア学生文化協会 ♦　【音声ダウンロード版】

改訂版

Revised Edition

ask

はじめに Introduction

　この本は、日本語能力試験のN3に対応した文法の問題集で、ABK（公益財団法人 アジア学生文化協会）の30年の日本語教育の経験を生かして、学内で使いながら作られたものです。日本語を勉強している皆さんが、文法をきちんと整理して、日本語が上手に使えるようになることを願って作りました。

　文法は「聞く・話す・読む・書く」の基礎になるものです。この本では次のプロセスで勉強が進められるように工夫しました。

　1．実際のコミュニケーションの中でその文法がどのように使われているかを知る。

　2．基本的な練習で使い慣れる。

　3．まとめの問題で話を聞いたり日本語の文章を読んだりする運用練習をする。

　まとめの問題は日本語能力試験の出題形式に合わせてありますので、試験を受ける皆さんは、この本1冊で文法対策と読解、聴解の試験の練習ができるようになっています。

　「TRY!」という名前には、気軽にやってみようという意味と、ラグビーのトライのようにがんばったことが得点につながるという意味を込めました。皆さんがこの本で勉強して、日本語能力試験N3に合格し、さらに日本語を使って楽しく自己表現ができるようになりますよう、お祈りしています。

　このシリーズはN5〜N1まで、各レベルに合わせて5冊の本があります。この本が終わったら、ぜひ次のレベルに進んで、レベルアップを目指してください。

This book, a collection of grammar questions for level N3 of the Japanese-Language Proficiency Test, is the product of 30 years of experience at the Japanese Language Institute of the Asian Students Cultural Association (ABK). The material in this book was developed from the courses at the Institute. We produced this book in the hope that all of you studying Japanese will obtain a clear understanding of its grammar and become skilled at using the language.

Grammar is the foundation of listening, speaking, reading and writing. We have designed this book so that you can proceed with your studies by going through the following process:

1. Know how this grammar is used during real-life communication in Japanese;

2. Become accustomed to using it by practicing the fundamentals;

3. Practice applying the grammar in review questions that involve listening to and reading Japanese.

The review questions follow the same format as those that appear in the Japanese-Language Proficiency Test. This means that takers of the test can study grammar strategies and practice reading comprehension and listening test questions all in this one book.

We gave this book the title "TRY!" to encourage you to give Japanese a try, as well as to say that trying your best can bring rewards, like a "try" in rugby. We hope that you will use this book to study for and pass level N3 of the Japanese-Language Proficiency Test and that you will be able to further enjoy using the Japanese language to express yourself.

There are five books in this series, one for each level (N5 – N1). After completing this book, we hope you proceed to the next level to further improve your Japanese language skills.

2014年3月　著者一同
The Authors
March 2014

この本をお使いになる皆さんへ
To Learners Using this Book

この本は、本冊、別冊「答え・スクリプト」、ダウンロード版の音声と語彙リストがあります。

This book comprises the main text, the "Answers & Scripts" supplement, audio files and vocabulary list.

1. 本冊　Main Text

全部で11章に分かれており、それぞれ次のような構成になっています。

This book is divided into 11 chapters, each arranged in the following structure.

各章の構成　Chapter Structure

1）できること　Can Do

その章を学習すると、何ができるようになるかが書いてあります。

This states what you will be able to do by studying the chapter.

2）見本文　Sample Text

その章で勉強する文法項目が、実際にどのように使われているかわかるような文章になっています。1つの章が(1)(2)に分かれている場合、(1)(2)の見本文はストーリーがつながっています。勉強する文法項目は、すぐわかるように太字で書いてあります。

Each chapter is written so that you will understand how the grammar points it covers are actually used in real life. When one chapter consists of two parts — (1) and (2), the sample sentences in each part together form a continuous story. Grammar points to study are written in bold so you can find them easily.

3）文法項目　Grammar Points

その章で勉強する項目を順番に並べてあります。探すときに便利なように、1章から11章まで通し番号になっています。それぞれの中には、使い方、接続、例文、補足説明、練習問題などがあります（くわしい内容は☞p.6）。

This is a list of grammar points you will study in the chapter, presented in order. The grammar points appear in chapters 1 through 11, and each one is numbered serially to facilitate future reference. Within each grammar point, you will find information on how to use and combine it with other parts of speech, sample sentences, supplementary explanations, practice questions and more. (For more information: ☞p.6)

4）Check

各章の(1)の最後と(2)の最後に、簡単な練習問題があります。ここで、学習した文法項目がわかるかどうかチェックします。間違えたら、その項目のところに戻ってもう一度確認しましょう。

The ends of parts (1) and (2) of a chapter contain simple practice questions. Use these to check your understanding of the grammar points you learned about. If you make a mistake, go back to that point and check it again.

5）まとめの問題　Review Questions

　その章で勉強した文法を中心にした、文法、読解、聴解の問題です。日本語能力試験の出題形式に合わせた形になっていますから、文法項目の再確認をしながら、試験対策ができます。

These questions test you on grammar, reading comprehension and listening related to the grammar you studied in the chapter. They follow the same format as the questions that appear in the Japanese-Language Proficiency Test, so you can prep for the test as you review the grammar points.

2.　別冊　Supplement

1）「やってみよう！」「Check」の答え
Answers for the "Try It Out!" and "Check" sections

2）「まとめの問題」の答え・スクリプト
Answers and scripts for "Review Questions"

3.　音声　Audio Files

「見本文」と、「まとめの問題」「模擬試験」の聴解問題の音声
Listening exercise audio for "Sample Sentences", "Review Questions" and the "Practice Test."

音声はPC、スマートフォンからダウンロードできます。
Audio files for this book are available for download on your PC and smartphone.
くわしくは下記HPへ。
Please see the site below for details.

https://ask-books.com/jp/978-4-86639-666-8

右のQRコードからもアクセスできます。

4.　語彙リスト　Vocabulary List

　本冊で使われている言葉の「語彙リスト」があります。語彙リストには、英語の訳がついています。下記のサイトよりダウンロードして使ってください。

You can find the "Vocabulary List" for the words used in the main text. The Vocabulary List has English translations. Feel free to download it.

https://ask-books.com/jp/978-4-86639-666-8

また、Amazon POD(Print on Demand)でも販売しています。
It is also available on Amazon POD (Print on Demand).

〈文法項目の中にあるもの〉 Inside the Grammar Points

★★★

文法項目の右端に、★のマークがあります。★が多いほど、重要な項目という意味です。★は理解できればいい項目なので、基本的に練習問題はありません。まとめの問題にも入っていないものがあります。

You will see stars (★) to the right of a grammar point. The more stars you see, the more important that point is. Simply understanding a starred grammar point is enough; they generally do not come up in practice questions. Some do not appear in Review Questions, either.

使う場面のマーク　When-to-Use Marks

 友だちや家族など、身近な人とおしゃべりをするときに使われる表現です。
This expression is used when talking to friends, family members or other familiar people.

 友だちや家族とおしゃべりをするときには使われない、硬い表現です。
This expression is formal and not used when talking to friends or family members.

 目上の人や初対面の人に対して話すとき、または店員が客に向かって話すときの表現です。
This expression is used when talking to a higher ranking person or a person one has met for the first time, as well as by a store clerk when talking to a customer.

 後悔や残念な気持ちを表したり、相手を批判したりするときに使われる表現です。
This expresses regret or disappointment, and is used when criticizing another person.

どう使う？

次のことが書いてあります。
This section contains the following:

1．使い方の説明　Usage Explanation

どんなことを言いたいときに使うか、どんな気持ちで使うかが書いてあります。英語の翻訳もついています。

This will tell you when you can use the grammar point depending on what you want to say, as well as what nuance it carries. There is also an accompanying English translation.

2．接続の説明　Explanation on Combining with Other Parts of Speech

どんな品詞のどんな形のものといっしょに使われるか、記号を使って示しました。

例：　**N**　＋　で

接続については使用頻度を考慮して、あまり使われていない形は載せていません。特別な言葉や表現の表もあります。＊は、接続で気をつけることです。

This section uses symbols to show you how you can use other parts of speech with the grammar point and in what form. Example: **N** ＋ で

As for conjunctions, we consider frequency of use and do not list forms that are rarely used.There are also charts of special words and expressions.

＊ indicates a point to remember when combining with other parts of speech.

3. 例文　Sample Sentences

①②のように番号がついています。例文は日常生活でよく使われるものを選びました。理解の助けになるように一部イラストをつけました。また、のマークは、慣用的に使われる表現を表します。

Sentences are numbered ①, ②, and so on. We have selected sentences for the samples that are often used in everyday life. Some are accompanied by illustrations to help you understand. The mark means the sentence contains an idiomatic expression.

その文法項目を使うときに、気をつけることが書いてあります。
This provides key points to remember when using a grammar point.

やってみよう！

その文法項目を確認するための練習問題です。「どう使う？」と例文で勉強したことができるかどうか、実際に問題に答える形でチェックしてみてください。

This section contains practice questions to reinforce the grammar point. Check your understanding of what you learned in the "How to Use" section and the Sample Sentences by answering these questions.

ほかの言葉との使い方の違いや追加で説明が必要なことなどが書いてあります。練習が必要なものは「やってみよう！」がついています。

This section contains information such as differences in the use of other words / expressions or matters requiring further explanation. Points that require further practice also come with a "Try It Out!" section.

✚ Plus

違う言葉で、同じような意味で使われるものが書いてあります。練習が必要なものは「やってみよう！」がついています。

This section contains ways to express similar meanings but with different words. Points that require further practice also come with a "Try It Out!" section.

その文法項目と関係がある項目があるときは、番号が書いてあります。
This symbol will direct you to other related grammar points.

〈品詞と活用形のマーク〉 Parts of Speech and Conjugation Marks

1）品詞　Part of Speech

名詞	Nouns	N	えんぴつ、日本語、病気
い形容詞	い adjectives	いA	大きい、小さい、おいしい
な形容詞	な adjectives	なA	元気、便利、しずか
動詞	Verbs	V	行く、食べる、勉強する

2）動詞の活用形　Verb conjugation

ます形	ます form	V-ます	行きます
辞書形	Dictionary form	V-る	行く
て形	て form	V-て	行って
た形	た form	V-た	行った
ない形	ない form	V-ない	行かない
動詞の普通形 Plain form of verbs		V-PI	行く・行かない・行った・行かなかった
可能形	Potential form	V-できる	行ける
受身形	Passive form	V-られる	行かれる
使役形	Causative form	V-させる	行かせる
意向形	Volitional form	V-よう	行こう
条件形	Conditional form	V-ば	行けば

3）普通形・ていねい形　Plain form & Polite form

普通形　Plain form　PI

動詞 Verb	行く 行かない 行った 行かなかった	い形容詞 い adjective	大きい 大きくない 大きかった 大きくなかった
な形容詞 な adjective	元気だ 元気じゃない／元気ではない 元気だった 元気じゃなかった 　／元気ではなかった	名詞 Noun	病気だ 病気じゃない／病気ではない 病気だった 病気じゃなかった 　／病気ではなかった

ていねい形 Polite form **Po**

動詞 Verb	行きます 行きません 行きました 行きませんでした	い形容詞 い adjective	大きいです 大きくないです 　／大きくありません 大きかったです 大きくなかったです 　／大きくありませんでした
な形容詞 な adjective	元気です 元気じゃないです* 　／元気じゃありません* 元気でした 元気じゃなかったです* 　／元気じゃありませんでした*	名詞 Noun	病気です 病気じゃないです* 　／病気じゃありません* 病気でした 病気じゃなかったです* 　／病気じゃありませんでした*

〈接続の示し方〉 Presentation of Parts of Speech Combinations

それぞれの文法項目は、次のように表します。
Each grammar point is presented in the following manner:

例）

V-て ＋ ください	食べてください
V-ます ＋ たい	会いたい
V-ない ＋ ないでください	行かないでください
いA く	大きく
なA な	しずかな
なA なに	しずかに
PI ＋ んです [**なA** だな　**N** だな]	行くんです　　　　行かないんです 行ったんです　　　行かなかったんです 大きいんです　　　大きくないんです 大きかったんです　大きくなかったんです 元気なんです　　　元気じゃないんです* 元気だったんです　元気じゃなかったんです* 病気なんです　　　病気じゃないんです* 病気だったんです　病気じゃなかったんです*
PI ＋ ら [過去形だけ Past form only]	行ったら　　　　行かなかったら 大きかったら　　大きくなかったら 元気だったら　　元気じゃなかったら* 病気だったら　　病気じゃなかったら*

*な形容詞・名詞の「じゃ」は、論文などを書くときは「では」が使われる。

この本をお使いになる先生方へ

　この本をお使いくださり、ありがとうございます。本書の目指すところは、日常生活の様々な場面で、具体的に日本語がどのように使われているかを目で見て、感じて、それを踏まえて文法を学ぶことです。それによって、会話やスピーチ、読解の中で使われている文法項目に自然になじみ、日本語能力試験への対応も、スムーズに進むと思います。さらに発話や作文などの自己表現にも応用できるようになると信じています。

　近年、インターネットの普及に伴って、海外の学習者も生の日本語に直に触れる機会が増え、自然な日本語の習得に一役買っていることは確かです。運用を重視するという日本語教育の流れの中で、文法の位置づけも変わってきているように思います。

　しかし、基礎の枠組みとしての文法をきちんと把握することは、日本語の運用にとって非常に重要です。また、相手との位置関係、使用場面にふさわしい日本語を意識することもとても大切だと考えます。

　以上の点から、本書の見本文では下の表のような多様なタイプの設定をしました。その中でも語彙については生活上汎用性のあるもの、使用頻度の高いものを使うようにしています。

章	タイトル	見本文のタイプ
1	初めての富士登山	作文
2	ぼくの犬、クロ	ブログ
3	市民農園の募集	お知らせ
4	水泳大会	親しい人との会話
5	手作りハムのレシピ	料理のレシピ
6	里山について	スピーチ
7	不動産屋で	店員との会話・親しい人との会話
8	就職の面接	面接での会話
9	お花見	エッセー
10	ゆきの選択	親しい人との会話
11	友だちのお見舞い	親しい人との会話

　本校での実践の中でも見本文の効果は大きく、ことさら説明をしなくても、イメージで感じ取ってもらえると言われています。本書を使ってご指導される先生方にも、ぜひ学習者の方とともに見本文のストーリーを感じていただきたく存じます。

　本書につきまして、何かご意見などございましたら、どうぞお寄せくださいますよう、お願い申し上げます。

もくじ　CONTENTS

初めての富士登山（1）

First climb up Mt. Fuji (1)

●旅行などの初めての経験について、体験したことや考えたこと、感じたことが表現できる。
Talk about things you tried as well as your thoughts and feelings about trips and other new experiences.

02

　先週の日曜日、リンさんと富士山に登った。途中までバスで行って、そこから登り**始めた**。登る前に水を買った店で、酸素缶も持っていく**ように言われた**。山の上は空気が少ないから、必要になるかもしれないそうだ。空気が薄いと病気になる人もいる**という**ことを思い出したが、富士山は小学生でも登れると聞いたので、大丈夫**だろうと思った**。だから買わなかった。

　私は登山をしたことはないが、富士山は険しい山じゃないし、それほど大変じゃ**なさそうだった**。

1　登り始めた　★★★

「〜始める」は、時間がかかることが始まるということをはっきり言うときに使う。
Use "〜始める" to clearly state the beginning of something that takes time.

V-ます ＋ 始める

①日本語を習い始めたのは半年前です。
②桜の花が咲き始めましたね。

✚ Plus

〜終わる　　★★★

終わることをはっきり言うときは「〜終わる」を使う。
Use "〜終わる" when you clearly state the end of something.
①その本、読み終わったら貸してもらえませんか。
②晩ご飯を食べ終わってから、みんなでゲームをした。

やってみよう！　　　　　　　　　　　　　▶答え　別冊P. 1

1）「いただきます」と言って、みんな一緒に食べ（始め・終わり）ました。
2）作文を書き（始めた・終わった）人は出してください。
3）A：これ、借りてもいいですか。
　　B：ええ、どうぞ。使い（始めた・終わった）ら、元のところに戻してくださいね。

2　持っていくように言われた　　★★

どう使う？

「〜ように言う」は、「しろ・するな」「してください」「したほうがいい」などの命令・禁止・指示・助言の内容を伝えるときに使う。
Use "〜ように言う" to tell about a command, prohibition, direction or advice originally given with expressions such as "しろ・するな", "してください" or "したほうがいい".

V-る ／ **V-ない** ＋ ように言う

＊「言う」のかわりに「注意する」「頼む」「伝える」なども使われる。

①先生に宿題を忘れないように注意された。
②医者にお酒を飲まないように言われました。
③お母さんからも勉強するように言ってください。
④私は佐藤さんに、会議の前に資料をコピーしておくように頼みました。

③

やってみよう！

▶答え　別冊P. 1

例）先生に（　あとで部屋に来るように　）言われました。

1）先生に（　　　　　　　　　　　　　　）注意されました。

2）母に（　　　　　　　　　　　　　　　）頼まれました。

3）母に（　　　　　　　　　　　　　　　）言われました。

❸　病気になる人もいる**ということ**　★★★

どう使う？

「〜という」は、「台風が来るというニュース」のように、内容を言うときによく使う。

"〜という" is often used to describe something, as in "台風が来るというニュース", which describes the "ニュース".

PI ＋ という ＋ **N**

①彼が有名な音楽家だということはあまり知られていない。

②最近は大学を卒業しても就職が難しいという話を聞きました。

③背が伸びるということは、骨が伸びるということです。

④画面に「圏外」という文字が出たら、今電波が届かないところにいるということです。

▶答え　別冊P. 1

１）先生から入学試験の日は学校が休みになるという ＿＿＿＿＿＿＿＿＿ があった。

２）調査で、不景気でも消費者のニーズに合う商品は売れるという
　　　　　　＿＿＿＿＿＿＿＿＿ が出た。

３）リンさんが来月帰国するという ＿＿＿＿＿＿＿＿＿ は本当ですか。

４）ミリオンセラーというのは100万枚以上売れたという ＿＿＿＿＿＿＿＿＿ です。

こと	連絡	うわさ	結果

4　大丈夫だろうと思った　★★

どう使う？

「〜だろう」は「〜でしょう」の普通形で、はっきりわからないがたぶんそうだと考えた内容をほかの人に伝えるときに使う。

"〜だろう" is the plain form of "〜でしょう". Use it when you tell another person about something you think may be true, but you are not completely sure of.

PI ＋ だろうと思う

［ なА だ　N だ ］

①たぶんこの雨は１時間ぐらいでやむだろうと思います。
②外国で一人暮らしをするのはきっとさびしいだろうと思う。
③沖縄は暑いだろうと思っていたが、毎日雨で寒くて泳げなかった。

やってみよう！

▶答え　別冊P. 1

１）今度の試験は難しいだろうと思っていたが　・　　　・a だれにも会えなかった。

２）テレビ局へ行けば有名人に会えるだろうと・　　　・b ２時間もかかってしまった。
　　思っていたのに

３）タクシーならすぐ着くだろうと思ったが　　・　　　・c ちゃんと準備をしておいたほうがいいよ。

４）やらなくても大丈夫だろうと思わないで　　・　　　・d 意外に簡単だった。

どう使う？

「～なさそうだ」は、何かを見て感じたり、予想したりして「～ではない」と思ったときに使う。
Use "～なさそうだ" when you guess that something is not "～" or think so based on some observation or feeling.

いA　ーく
なA　じゃ　　＋　なさそうだ
N　じゃ

①このカレーはあまり辛くなさそうですね。

②この仕事はそんなに大変じゃなさそうだ。

③A：この電子辞書、安いけどあまりかわいくないかなあ。

　B：でも、性能は悪くなさそうよ。

④A：Lサイズがあるかどうか、あの人に聞いてみようか。

　B：でも、あの人はお店の人じゃなさそうよ。

④

やってみよう！

▶答え　別冊P. 1

例）この刺身、ちょっと古くて　＿＿＿おいしくなさそう＿＿＿　ね。

1）ちょっと熱があるんですが、＿＿＿＿＿＿＿＿＿＿＿　ですから、大丈夫です。

2）新しいアルバイトの人、おしゃべりが好きだし、遅刻するし、

　　　＿＿＿＿＿＿＿＿＿＿＿　よ。

3）相手のチームはそんなに　＿＿＿＿＿＿＿＿＿＿＿　だから、勝てると思う。

まじめ　　インフルエンザ　　強い　　~~おいしい~~

「増えそうだ」などの動詞の場合は「 V-ます ＋ そうもない／そうにない／そうにもない」と言う。　★★★

①こんな難しそうな本、1週間では読めそうもない。

②忙しいので、しばらく残業は減りそうもない。

③安くなったら買おうと思ったが、これ以上安くなりそうにないから、あきらめた。

④荷物が多くて、かばんに全部入りそうにない。

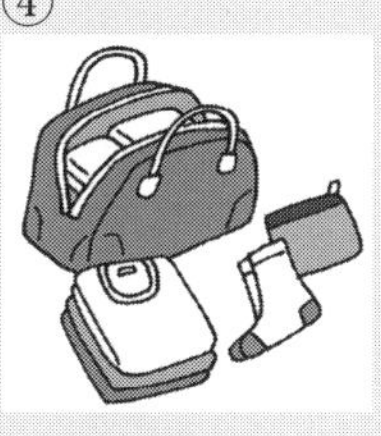

▶答え　別冊P.1

やってみよう！

1）A：がんばって作ったんだから、全部食べてね。

　　B：えー！　こんなにたくさん（食べ・食べられ）そうもないよ。

2）A：電車、まだ（来・来られ）そうもないね。

　　B：雪だから、遅れるのはしょうがないよ。

3）一人じゃ（運べ・運び）そうもないから、手伝ってくれる？

Check

▶答え　別冊P.1

1）6時半になって、やっと東の空が明るくなり ＿＿＿＿＿＿＿＿＿＿。

2）先生に、夜一人で帰るときは気をつけて帰る ＿＿＿＿＿＿＿＿＿。

3）教師の仕事は授業の準備や宿題のチェックなどがあって、

　　きっと大変 ＿＿＿＿＿＿＿＿＿。

ように言われた　　始めた　　だろうと思う

4）すみません。電車が遅れて、約束の時間に間に合い ＿＿＿＿＿＿＿＿

　　んです。

5）彼女が初めて作ったケーキはあまりおいしく ＿＿＿＿＿＿＿＿ だった。

6）この町は昔、漁業が盛んだった ＿＿＿＿＿＿＿＿ 話です。

という　　なさそう　　そうもない

できること

- 旅行などの初めての経験について、体験したことや考えたこと、感じたことが表現できる。
  Talk about things you tried as well as your thoughts and feelings about trips and other new experiences.

🎧03

　でも、登ってみると、本当に大変だった。途中で立っているのもつらい**ほど**足が重くなった。もうやめたいと思ったが、前を見ると、どんどん登っ**ていく**リンさんが見えた。リンさんががんばっているのに、あきらめるのはくやしいから、私も登り**続けた**。

　あとで聞いたら、リンさんも途中でやめようと思ったけど、私が後ろから登ってくるのが見えたからがんばったと言っていた。大変だったが、一番上まで行けて本当によかった。だから、もしこれから富士山に登る人がいたら、上まで行きたい**なら**、友だちと一緒に行くことをおすすめしたい。もちろん酸素缶も持っていったほうがいい。

　でも、もう一度行きたいかと聞かれたら、もう二度とあんな大変なことはしたくないと答えるだろう。富士山は遠くから見るほうがずっといいと思う。

6　登ってみると　　★★

どう使う？

「～と、…」は、今まで気づかなかったことに気づいたときに使う。意外に思ったことに使われることが多く、また「気づいたこと」なので文末は過去形になることが多い。
Use "～と、…" when you have noticed something you had not been aware of until that time. It is often used to express surprise. It also means the speaker has "noticed" something, hence the end of the sentence is often in the past tense.

V-る ＋ と

①気がつくと、外はすっかり暗くなっていた。

②待ち合わせの場所に着くと、友だちはもう来ていた。

③昔住んでいたところに行ってみると、大きいビルが建っていた。

④国から届いた荷物を開けると、大好きなお菓子が入っていた。

やってみよう！

▶答え 別冊P. 1

１）冷蔵庫を開けると（ケーキがあった・ケーキを買ってきた）。

２）日曜日、目が覚めると（12時に起きた・12時だった）。

３）窓を開けると（雪が降っていた・雪が降った）。

＋Plus

〜たら ★★

「〜たら」にも同じ使い方がある。

①屋上に上がったら、東京スカイツリーが見えた。

②発車のベルが鳴っているので飛び乗ったら、反対方向の電車だった。

③就職試験の結果の連絡だと思って急いで電話に出たら、間違い電話だった。

7 立っているのもつらいほど ★★★

どう使う？

「〜ほど…」は、「歩けないほど強い風」のように、「…」の状態・程度が普通ではないことを、「〜」の例を使って表すときに使う。

Use "〜ほど…" to describe the unusual condition or degree of "…" by using "〜" as an example, as in "歩けないほど強い風".

V-る ／ **V-ない**

いA

N ＋ ほど

＊「**V-ます** たい」も使われることがある。

①富士山に登って、下りてきたときは、もう一歩も歩けないほど疲れていた。

②あの双子は両親も間違えるほどよく似ている。

③年末は、猫の手も借りたいほど忙しくなる。🔗

④ランチタイムのレストランは、目が回るほど忙しい。🔗

⑤今週中にやらなければならない仕事が山ほどある。🔗

やってみよう！

▶答え　別冊P. 1

１）昨日見学した工場は ＿＿＿＿＿＿＿＿＿＿＿＿＿＿＿ ほどうるさかった。

２）コメディー映画を見て、＿＿＿＿＿＿＿＿＿＿＿＿＿ ほど笑った。

３）これは ＿＿＿＿＿＿＿＿＿＿＿＿＿ ほど難しい問題だ。

おなかが痛くなる　　専門家でも答えられない　　説明が聞こえない

☞　44　もも肉**ほど**あぶらが多く**ない**
　　57　木が育て**ば**育つ**ほど**
　111　これ**ほど**つらい風邪はひいたこと**ないよ**

8　どんどん登っていく　★★★

どう使う？

「〜ていく」は、「歩いていく」のように、ある動作をしながら遠くへ移動するときや、「買っていく」のように、ある動作をしてから次の場所へ行くことを表すときに使う。将来に向かって続いていくことを言うときにも使う。

Use "〜ていく" to describe how the subject of the sentence will travel a long distance, as in "歩いていく", or to say that the subject will go to another place after taking a certain action, as in "買っていく". You can also use it when you say that an action will continue on into the future.

V-て ＋ いく

①冬になると渡り鳥は南のほうへ飛んでいく。

②Ａ：もしもし、今からそっちへ行くけど、何か買っていこうか。

　Ｂ：じゃ、ジュース買ってきて。

③これからも日本語の勉強を続けていくつもりです。

④これから、日本の会社でも外国人社員は増えていくと思います。

✚ Plus

〜てくる ★★★

反対_{はんたい}に、近づくときは「〜てくる」を使う。
動作_{どうさ}や変化_{へんか}が過去_{かこ}から今まで続いていることを言うときにも使う。
On the contrary, use "〜てくる" when something comes closer. You can also use it when an action or change from the past is continuing on into the present.

①申し込みのときに、身分証明書を持ってきてください。
②棚から本が落ちてきて、おどろいた。
③日本人は昔から魚を食べてきました。
④私はこの町で4年間、環境調査を続けてきました。

やってみよう！

▶答え　別冊P. 1

1）この会社で30年がんばって働いて（いった・きた）が、今日でこの仕事も終わりだ。

2）来週のパーティーにどのくつをはいて（いったら・きたら）いいと思う？

3）私たちの力で伝統文化を守って（いこう・こよう）と思っています。

64　人気が出**てきた**んです

9 登_{のぼ}り続けた ★★★

どう使う？

「〜続ける」は、動作をずっと続けることや、習慣としてくり返すことを強調して言うときに使う。
Use "〜続ける" when you say that an action is going on continuously, or to emphasize the repetition of a habit or custom.

V-ます ＋ 続ける

①あの人は歯医者に1年以上通い続けているそうです。
②犬のハチ公は、主人の帰りを待ち続けた。
③この薬は途中でやめないで、1週間飲み続けてください。

やってみよう！

1）マラソンが好きなので、何歳<ruby>なんさい</ruby>になっても ＿＿＿＿＿＿＿＿ 続けるつもりです。

2）あのレストランは、伝統<ruby>でんとう</ruby>の味を ＿＿＿＿＿＿＿＿ 続けている。

3）パソコンの画面<ruby>がめん</ruby>を ＿＿＿＿＿＿＿＿ 続けていたら、目が痛<ruby>いた</ruby>くなった。

4）長い時間 ＿＿＿＿＿＿＿＿ 続けるより、少し休んだほうがいい仕事ができますよ。

見る　　走る　　働く　　守る<ruby>まも</ruby>

10　上まで行きたい**なら**　　★★★

どう使う？

「～なら、…」は、「～の場合は」と範囲<ruby>はんい</ruby>を限定<ruby>げんてい</ruby>して、アドバイスをしたり申<ruby>もう</ruby>し出<ruby>で</ruby>をしたりするときに使う。
Use "～なら、…" like an "if" clause to set limits and to provide advice or make a suggestion.

V-る（の）
N 　　　＋ なら

＊「ほしいなら・～たいなら」も使われる。

①台湾<ruby>たいわん</ruby>へ旅行に行くなら、11月がいちばんいいと思いますよ。

②A：論文<ruby>ろんぶん</ruby>を書くので、いろいろ調<ruby>しら</ruby>べなければならないんです。

　B：論文<ruby>ろんぶん</ruby>の資料<ruby>しりょう</ruby>なら、国会<ruby>こっかい</ruby>図書館にたくさんありますよ。

③A：今度アメリカへ行くんです。

　B：それなら、大きいかばんを貸しましょうか。

④N3に合格<ruby>ごうかく</ruby>したいなら、この本をよく勉強したほうがいいよ。

やってみよう！

例）テストが（終わったら・終わるなら）、出してください。

1）A：明日<ruby>あした</ruby>から出張<ruby>しゅっちょう</ruby>で北海道<ruby>ほっかいどう</ruby>に行ってきます。

　B：北海道<ruby>ほっかいどう</ruby>へ（行くなら・行ったら）、コートを持っていったほ

　　うがいいよ。4月でもまだ寒いから。

1）

２）A：新しいゲームソフトがほしいんですが…。

　　B：ゲームソフトを（買うなら・買えば）、駅前の店が安いですよ。

３）このボタンを（押すなら・押すと）お茶が出ます。

４）（急げば・急ぐなら）、次の電車に乗れますよ。

Check

▶答え　別冊P. 2

１）1000円しか当たったことがないんですが、これからも宝くじを

　　＿＿＿＿＿＿＿＿＿＿＿＿＿＿　つもりです。

２）ごめん。ジュースを　＿＿＿＿＿＿＿＿＿＿＿　から、ちょっとここで待ってい
　　て。

３）友だちのうちへ行くときは、いつもケーキを　＿＿＿＿＿＿＿＿＿＿　ことに
　　しています。

買い続ける　　買ってくる　　買っていく

４）テレビをつける　＿＿＿＿＿＿、ちょうど好きな歌手が歌うところだった。

５）留学する　＿＿＿＿＿＿、行く前にその国の言葉を勉強したほうがいいですよ。

６）急に背中をたたかれて息が止まる　＿＿＿＿＿＿　おどろいた。

なら　　と　　ほど

▶答え　別冊P.12

問題1　〈文法形式の判断〉

次の文の（　　　）に入れるのに最もよいものを、1・2・3・4から一つえらびなさい。

1　あの2人はさっきから1時間以上話し（　　　）いますね。

　1　始めて　　　　2　終わって　　　　3　続けて　　　　4　休んで

2　先生に、休むときは必ず連絡する（　　　）言われた。

　1　ように　　　　2　らしい　　　　3　かと　　　　4　ほしい

3　残念だけど、忙しくて今日の飲み会、（　　　）んだ。

　1　行けるかと思う　　　　　　　　2　行けるだろうと思う

　3　行けそうな　　　　　　　　　　4　行けそうにない

4　プレゼントの箱を（　　　）、婚約指輪が入っていた。

　1　開けて　　　　2　開けると　　　　3　開けても　　　　4　開ければ

5　妹は冬でも毎日（　　　）、アイスクリームが好きです。

　1　食べると　　　2　食べ始める　　　3　食べるほど　　　4　食べるなら

6　最近ドラマの内容がわかるようになって（　　　）、うれしい。

　1　きて　　　　2　いって　　　　3　始めて　　　　4　続けて

7　テストのときは答えを（　　　）、もう一度見て、チェックしてください。

　1　書き始めたら　　　　　　　　　2　書き終わったら

　3　書いてきたら　　　　　　　　　4　書いていったら

8　今週末、海へ泳ぎに行く予定ですが、天気があまり（　　　）なので、心配しています。

　1　よくなさそう　　　　　　　　　2　よさそう

　3　よくなかったそう　　　　　　　4　よかったそう

次の文の__★__に入る最もよいものを、1・2・3・4から一つえらびなさい。

__1__　医者に＿＿＿＿　＿＿＿＿　__★__　＿＿＿＿言われた。

　　　1　たばこと　　　　**2**　やめる　　　　**3**　お酒を　　　　**4**　ように

__2__　ほしいものを安く＿＿＿＿　＿＿＿＿　__★__　＿＿＿＿インターネットで値段を調べたほうがいいよ。

　　　1　買う　　　　**2**　なら　　　　**3**　前に　　　　**4**　買いたい

__3__　友だちが来月＿＿＿＿　＿＿＿＿　__★__　＿＿＿＿聞いて、びっくりした。

　　　1　という　　　　**2**　辞める　　　　**3**　会社を　　　　**4**　話を

次の文章を読んで、文章全体の内容を考えて、__1__～__4__の中に入る最もよいものを、1・2・3・4から一つ選びなさい。

　　水族館でシロイルカの赤ちゃんが生まれたと聞いたので、友だちと見に行った。シロイルカは色が白いからシロイルカ　__1__　名前がついている。でも、赤ちゃんを　__2__、白くなかったのでびっくりした。赤ちゃんのときはグレーで、だんだん白くなるのだと、係の人が説明してくれた。とてもかわいかった。私たちのほうへ　__3__　ので、うれしかった。写真を撮ろうとしたら、フラッシュを使わない　__4__　言われた。赤ちゃんがおどろいてしまうからだそうだ。いろいろな動物を大切に育てている係の人はとても大変だろうと思った。

__1__　**1**　という　　　**2**　らしい　　　**3**　ように　　　**4**　なら

__2__　**1**　見れば　　　**2**　見なければ　　　**3**　見ると　　　**4**　見ないと

__3__　**1**　泳いでいった　　　　　　　**2**　泳いでいかなかった
　　　3　泳いできた　　　　　　　　**4**　泳いでこなかった

4	**1** ように	**2** という	**3** のに	**4** なら

問題4 〈聴解〉

1　この問題では、まず質問を聞いてください。それから話を聞いて、問題用紙の1から4の中から、最もよいものを一つえらんでください。

1	**1** 春	**2** 夏	**3** 秋	**4** 冬	🎧04

2	**1** 会議室の予約を取り直す	**2** ほかのメンバーに連絡する	🎧05
	3 会議室の予約を確認する	**4** 部長に連絡する	

2　この問題では、問題用紙に何も印刷されていません。まず文を聞いてください。それから、その返事を聞いて、1から3の中から、最もよいものを一つえらんでください。

1　2　3　🎧06

2 ぼくの犬、クロ（1）
My pet dog Kuro (1)

できること

●ペットや家族を簡単に紹介したり、自分との関係を説明したりすることができる。
Present basic information about your pets and family, and explain your relationships with them.

ぼくはいつも夜、クロを散歩に連れていく。クロを飼い始めたのは3年前だ。色が黒いから、クロって名前をつけた。

最初、両親は犬を飼うことに反対だったが、何度も頼んで、やっと飼わせてもらった。そのかわり、雨の日も風の日も毎日必ず散歩すると約束させられた。だからクロの散歩はぼくの日課だ。

ぼくがうちに帰ると、クロは早く散歩に行きたがって「クーンクーン」と鳴く。ぼくがひもを持つと、ぼくのところへ来て、うれしそうにしっぽをふる。そして、ひもをつけて、玄関を出たとたん、クロは全速力で走り出す。

11 クロって名前　　★

どう使う？

「〜って」は、名前を表す「〜という」のかわりに使う。
Use "〜って" in place of "〜という" to give a name.

Ｎ₁ ＋ って Ｎ₂

①さっき、上田さんって人が訪ねてきましたよ。お知り合いですか。
②花粉症って病気、アレルギーが原因なんだよね。

③Ａ：長野県の戸隠ってところ、知ってる？

　Ｂ：うん。最近人気だって聞いたよ。

☞ 35　がんばっ**たって**
38　強い選手**って**

12　飼わせてもらった　★★★

どう使う？

「〜させてもらう」は、自分がすることのためにほかの人の許可を取るときに使う。許可してくれたことに感謝するときにも使う。「〜させてくれる」の形もよく使われる。
Use "〜させてもらう" when you obtain permission from another person to do something. You can also use it when you express gratitude for receiving permission. The "〜させてくれる" form is also often used.

V-させる て ＋ ┌ もらう
　　　　　　　└ くれる

①この会社は自分の意見を自由に言わせてくれる。

②高校生のとき、アルバイトをしたいと父に言ったが、させてもらえなかった。

③上司は何事も経験だと言って、私を海外研修に行かせてくれた。

④ここに荷物を置かせてもらってもいいですか。

やってみよう！

▶答え　別冊P. 2

１）子どものとき、ピアノを習いたかったので、母に頼んで（習って・習わせて）もらった。

２）スピーチの原稿を日本人の友だちに（直して・直させて）もらった。

３）飲みに行ったときは、先輩たちがいつもお金を（払って・払わせて）くれた。

４）危ないからと言って、両親はバイクの免許を（取って・取らせて）くれなかった。

☞ 78　始め**させていただきます**

13　約束させられた　★★

どう使う？

「〜させられる」は、自分がしたくないと思っていることを、他人からするように言われて、しなければならないときに使う。

Use "〜させられる" when another person tells you to do something that you do not want to do, but you have to do it anyway.

	V‐る	V‐させる 使役形 Causative form	V‐させる られる 使役受身 Causative passive
Ⅰグループ	飲む	飲ませる	飲まされる／飲ませられる
	話す	話させる	話させられる
Ⅱグループ	食べる	食べさせる	食べさせられる
Ⅲグループ	来る	来させる	来させられる
	する	させる	させられる

①子どものときテストの成績が悪いと、父にトイレそうじをさせられた。

②中学生のとき、先生にグラウンドを何周も走らされた。

③学生のとき、いつも先輩に飲み物を買いに行かされた。

やってみよう！

▶答え　別冊P.2

1）デートのとき、いつも彼女に（待たされる・待たせてもらう）。

2）子どものときは野菜が嫌いだったが、母に（食べさせられた・食べさせてもらった）。

3）先生にお願いして、先生の論文を（読まされた・読ませていただいた）。

4）引っ越しの手伝いに行ったら、重い荷物をたくさん（運ばせてもらって・運ばされて）腰が痛くなってしまった。

14　散歩に行きたがって　★★

どう使う？

「〜がる」は、その人の気持ちなどが様子や言葉に表れているときに使う。自分の気持ちを言うときは使わないのが普通。
Use "〜がる" when a person's feelings or the like are expressed by his or her manner or speech. You normally do not use this expression when you talk about your own feelings.

$$\left.\begin{array}{l}\boxed{\text{いA}}\ \text{い} \\ \boxed{\text{なA}} \\ \boxed{\text{V-ます}}\ \text{たい}\end{array}\right] + \text{がる}$$

①彼は試合に負けてくやしがっている。

②わからない言葉があったら、面倒がらないですぐに調べなさい。

③妹は車をほしがっているが、父は絶対許さないと言っている。

④田中さんは人気スターのファッションを何でも真似したがる。

⑤寒い日は猫も外へ出たがらない。

やってみよう！

▶答え　別冊P. 2

１）外食するとき、私はパスタやピザを（食べたがる・食べたい）のに、彼はいつも牛丼屋へ（行きたがる・行きたい）。

２）ベランダにハトが来たのでえさをあげたが、（こわがって・こわくて）近づいてこない。

３）（恥ずかしがらないで・恥ずかしくなくて）もっと大きい声で話してください。

> 「～がり」（「暑がり」「寒がり」「こわがり」など）は、よくそのように感じる人という意味の名詞になる。　★★
>
> "～がり" is a noun meaning that the person often feels a certain way, such as in "暑がり", "寒がり" and "こわがり".
>
> 私は寒がりだから、冬が苦手だ。

15　玄関を出たとたん　★★★

どう使う？

「～たとたん…」は、「～」のあとすぐ「…」が起こったという状況を説明するときに使う。
Use "～たとたん…" when you explain a situation in which "…" happened right after "～".

$$\boxed{\text{V-た}} + \text{とたん（に）}$$

①立ち上がったとたん、目の前が暗くなった。

②彼女はさっきまで元気がなかったのに、ご飯を食べたとたん元気になった。

③彼は、相手が社長だと知ったとたん、急にていねいに話し始めた。

「…」の部分が話者の意志ですることの場合は使わない。
Do not use the "…" part of the expression to state the speaker's intent about the future.

学校を出たとたん、私は走るつもりだ。

やってみよう！

▶答え　別冊P. 2

１）うちのレストランがテレビで紹介されたとたん、

（テレビのその番組を見ていた・予約の電話がたくさんかかってきた）。

２）試験が終わったとたん（家へ帰りましょう・教室がうるさくなった）。

３）画像ファイルを開いたとたんに（フリーズしてしまった・コピーを保存した）。

16　全速力で走り出す　★★

どう使う？

「〜出す」は、何かが急に起きたときや、急に始まったと言うときに使われる。
" 〜出す" is used when something happens or starts suddenly.

V-ます　＋　出す

①さっきまで笑っていた赤ちゃんが急に泣き出した。
②突然大雨が降り出し、人々はあわてて建物の中に入った。
③彼は短気で急に怒り出すから、付き合いにくい。

▶答え　別冊P. 2

1）医者に言われて　　　　　　　　　　　・　　　・a 観客はいっせいに駅に向かって歩き出した。

2）仕事に夢中だと思っていた娘が　　　・　　　・b 私たちが乗った電車はゆっくり動き出した。

3）コンサートが終わると　　　　　　　・　　　・c 急に結婚すると言い出した。

4）ベルが鳴って、ドアが閉まって　　　・　　　・d 運動嫌いの父がスポーツクラブに通い出した。

Check

▶答え　別冊P. 2

1）就職したら、父に頼んで、一人暮らしを ＿＿＿＿＿＿＿＿ つもりだ。

2）一人暮らしをしても、1週間に1回は必ずうちへ帰るように、父に約束 ＿＿＿＿＿＿＿＿。

3）高橋さんはいつも政治や経済などの難しい話を ＿＿＿＿＿＿＿＿ のでちょっと困る。

4）人気俳優が舞台に登場 ＿＿＿＿＿＿＿＿、観客はいっせいに彼のほうを見た。

5）いつもそうじしない息子が、急にそうじを ＿＿＿＿＿＿＿＿ ので、変だと思ったら、明日彼女が来るからだった。

させられた　　させてもらう　　したがる　　し出した　　したとたん

●ペットや家族との生活や、自分との関係を説明したりすることができる。
Explain how you live with your pets and family as well as your relationships with them.

11
〜
20

近くの公園を1周するのが、いつもの散歩コースだ。帰**ろうとする**といやがって動こうとしない。そんなときのために、いつもぼくのズボンのポケットには、クロが好きなクッキーが入れてある。クッキーを取り出すと、クロは喜んでぼくのところへ来る。

ときどき、帰りにコンビニに寄る**こともある**。クロをコンビニの前で待た**せておいて**、買い物する。戻ってくると、クロは大喜びだ。ぼくは顔中なめ**られてしまう**。なめられるとくすぐったいが、クロは本当にかわいい。

17　帰ろうとする　　★★★

どう使う？

「〜ようとする」は、今から〜しようと思う、〜しようとがんばっていると言いたいときに使う。「〜ようとしない」は相手が〜しないことを批判する気持ちを表す。
Use "〜ようとする" when you want to say that you are doing your best to do something or want to start doing so. "〜ようとしない" expresses criticism towards someone for not doing something.

V-よう ＋ とする

①小さい子どもが道を渡ろうとしているよ。一人でどこへ行くのかな。
②生まれたばかりの馬の赤ちゃんが、一生けんめい立とうとしている。

③昔の友だちの名前を思い出そうとしたが、どうしても思い出せない。

④リンさんは試験が近いのに、ぜんぜん勉強しようとしない。

動作をするすぐ前の状態のときに、予想しなかったことが起きた場合にも使う。★★★
You can also use this expression when something unexpected happened just before you took a certain action.

出かけようとしたら雨が降ってきた。

▶答え　別冊P. 2

1）レジでお金を払おうとしたら（クレジットカードを使った・財布がなかった）。

2）さっき紹介していただいた方のお名前、思い出そうとしても

　　（教えてください・思い出せないんです）。

3）地震のとき、急いで逃げようとして（転んでけがをした・ドアを開けてください）。

4）寝ようとしたとき（宿題があったことを思い出した・宿題をする）。

18　コンビニに寄ることもある　★★★

どう使う？

「〜ことがある」は、ときどき、またはたまに〜すると言うときに使う。
Use "〜ことがある" when you say that you sometimes or occasionally do something.

V-る ／ **V-ない** ＋　ことがある
　　　　　　　　　　　　　こともある

①この地方では４月でも雪が降ることがある。

②私の大学は横浜にもキャンパスがあって、ときどきそちらに行かなければならないこと

　があるんです。

③ふだんはよく寝られるんですが、ストレスがたまって眠れないこともあります。

④あの店の営業時間は５時までですが、昼過ぎに全部売れてしまうこともあります。

やってみよう！

１）私はたいてい、うちでご飯を（食べます・食べることがあります）。

２）図書館は、本の整理のために休館日以外も

　　（閉まっている・閉まっていることがある）ので、気をつけてください。

３）疲れていると、目覚まし時計が鳴っても、（起きられる・起きられない）ことがある。

４）いつも駅まで歩いて行くが、たまに自転車で（行く・行かない）こともある。

11
〜
20

19　待たせておいて　★

どう使う？

「〜させておく」は、相手に「〜」の動作をずっと続けるよう指示することを表す。また、相手の行動を変えさせたりやめさせたりしないで、そのままにしておくことを表すこともある。自分より下の人や動物に使うことが多い。

"〜させておく" indicates that someone has been instructed to keep performing some action. It can also say that you are not changing or interrupting someone's behavior, but instead just leaving them as they are. This expression is often used in reference to lower ranking people and animals.

V-させる　て ＋ おく

①夏に車の中で子どもを待たせておくのは危険ですよ。

②家事をしている間、子どもをおもちゃで遊ばせておく。

③息子は何を言っても聞かないので、自分のしたいことを勝手にさ

　せておくことにした。

20　顔中なめられてしまう　★★★

どう使う？

「〜られてしまう」は、ほかの人がしたことを迷惑だ、残念だと思うときに使う。

Use "〜られてしまう" when you think that an action by another person inconveniences you or is unfortunate.

V-られる　て ＋ しまう

①片思いの彼を映画に誘ったが、断られてしまった。

②あとで食べようと思っていたケーキを妹に食べられてしまった。

③ハイキングをしていたら、はちに刺されてしまった。

④言葉が足りないと、誤解されてしまうことがある。

やってみよう！

▶答え　別冊P. 3

1）ライバルのB社に　　　　　　　　　　　・　　・a 大雨に降られてしまった。

2）試験の成績が悪かったので、　　　　　　・　　・b わが社の新製品の企画を知られてし
　　　　　　　　　　　　　　　　　　　　　　　　　まった。

3）バーゲン会場でほしいと思った　　　　　・　　・c 先生にもっと勉強するように言われ
　　バッグを　　　　　　　　　　　　　　　　　　　てしまった。

4）昨日、帰る途中で　　　　　　　　　　　・　　・d ほかの人に取られてしまった。

Check

▶答え　別冊P. 3

1）弟は部屋が汚くてもそうじ ＿＿＿＿＿＿＿＿＿。

2）人間だから失敗 ＿＿＿＿＿＿＿＿＿ よ。また今度がんばればいいよ。
　　元気出して。

3）友だちとけんかした翌日、「おはよう」と言ったが、
　　無視 ＿＿＿＿＿＿＿＿＿。

しようとしない　　するこ とも ある　　されてしまった

▶答え　別冊P.13

問題 1 〈文法形式の判断〉

次の文の（　　　　）に入れるのに最もよいものを、1・2・3・4から一つえらびなさい。

1　このバスは安全のため急停車（　　　　）のでご注意ください。

1　しようとします

2　することがあります

3　していることがあります

4　させてもらいます

2　A：かわいいウサギですね。写真を（　　　　）いいですか。

B：ええ、どうぞ。名前はピョンちゃんって言うんです。

1　撮らせてくれても

2　撮らせてもらっても

3　撮られても

4　撮られてしまっても

3　仕事が終わってうちへ（　　　　）、部長に新しい仕事を頼まれた。

1　帰ろうとしたら

2　帰りたがったら

3　帰らせたら

4　帰ったとたん

4　空港でだれかにスーツケースを（　　　　）しまって、困ったことがある。

1　間違えて

2　間違えさせて

3　間違えられて

4　間違えさせられて

5　私は（　　　　）なので、いつもくつ下を2枚はいています。

1　暑がり

2　寒がり

3　痛がり

4　こわがり

6　家族で食事しているときでも携帯メールを（　　　　）子どもが増えているそうです。

1　しようとしない

2　させておく

3　やめさせない

4　やめようとしない

| 7 | サッカーの練習のときにコーチに毎回ランニングを（　　　　）、大変でしたが、だんだん慣れて速く走れるようになりました。 |

1　させられて　　　2　されて　　　　3　させて　　　　4　させようとして

| 8 | 散歩から帰ってきた（　　　　）、大つぶの雨が降り始めた。 |

1　ように　　　　2　なら　　　　3　とたん　　　　4　ほど

問題2　〈文の組み立て〉

次の文の＿★＿に入る最もよいものを、1・2・3・4から一つえらびなさい。

| 1 | パックの牛乳は横を強く＿＿＿　＿＿＿　＿★＿　＿＿＿ので気をつけてください。 |

1　ことがある　　　2　持つと　　　3　こぼれる　　　4　中身が

| 2 | 仕事中に頭痛が＿＿＿　＿＿＿　＿★＿　＿＿＿、病院へ行った。 |

1　もらって　　　2　早退させて　　　3　ので　　　4　ひどくなった

| 3 | 友だちが＿＿＿　＿＿＿　＿★＿　＿＿＿から、びっくりした。 |

1　見た　　　2　メールを　　　3　とたん　　　4　泣き出した

問題3　〈文章の文法〉

次の文章を読んで、文章全体の内容を考えて、　1　～　4　の中に入る最もよいものを、1・2・3・4から一つ選びなさい。

　　うちの子は遊園地が大好きだ。今週も　1　から、連れていくことにした。「連れていって！」と　2　と、なかなかいやとは言えない。
　　遊園地に入った　3　、娘はうれしそうに好きな乗り物に向かって走り出した。その後も次々といろいろなものに乗りたがるので大変だった。ぼくは疲れてしまってメリーゴーラウンドには一人で乗ってもらおうとしたが、結局、一緒に　4　。
　　でも、娘のうれしそうな様子を見ていたら、ぼくも何だかうれしくなって、来てよかったと思った。

|　1　| **1**　行った　　　　　　　　　　　**2**　行きたかった

　　　　3　行ったばかりだ　　　　　　**4**　行きたがった

|　2　| **1**　頼まれてもらう　　　　　　　**2**　頼まれてしまう

　　　　3　頼んでしまう　　　　　　　　**4**　頼んでもらう

|　3　| **1**　ばかりで　　　**2**　そうで　　　　**3**　とたん　　　　**4**　らしい

|　4　| **1**　乗らされた　　　　　　　　　　**2**　乗らせてもらった

　　　　3　乗られた　　　　　　　　　　　**4**　乗られてしまった

問題4　〈聴解〉

この問題では、まず質問を聞いてください。そのあと、問題用紙を見てください。読む時間があります。それから話を聞いて、問題用紙の1から4の中から、最もよいものを一つえらんでください。

|　1　| **1**　卵を持っていたから　　　　　　　　　　　　🎧09

　　　　2　卵を買いに行きたかったから

　　　　3　卵を2つ買ってきたから

　　　　4　卵を買ってくるように頼まれたから

|　2　| **1**　課長に注意されたから　　　　　　　　　　　🎧10

　　　　2　課長の話を聞かなければならなかったから

　　　　3　課長にお酒をたくさん飲まされたから

　　　　4　お酒が高かったから

|　3　| **1**　ピアノ　　　　　　　　**2**　バレエ　　　　🎧11

　　　　3　お茶　　　　　　　　　**4**　水泳

できること

● 参加者募集のお知らせを見て、申込方法などの内容が理解できる。
Read a recruitment announcement and understand the application process and other details.

都会の真ん中で野菜作り！

　本年度も市民農園の利用者の募集を開始します。ご希望の方は2月末日までにお申し込みください。インターネットによるお申し込みも受け付けます。昨年は100区画の募集に対して、約120名のご応募がありました。希望者が多いため、定員を超えた場合は初めての方を優先いたします。また、1家族につき1区画に限定させていただきます。申し込み、お問い合わせ、しめ切りなどは下記のとおりです。

　皆様のご応募をお待ちしております。

募集区画：100区画
利用料金：年1万円
しめ切り：2月末日
申し込み・問い合わせ：市役所生活課
012-345-6789　内線110　FAX　012-345-6780
shimin@abk.co.jp　http://www.abk-try/shimin-noen/

21　インターネットによるお申し込み　★★

どう使う？

「～による／～によって」は、何かを行うときの手段、方法を表す。
"～による／～によって" expresses the means or method by which something is done.

N ＋ ┌ によって
　　　　└ による ＋ **N**

①大学はアンケートによる満足度調査の結果を発表した。
②経営学理論の講義は試験を行わず、レポートによる評価を行う。
③オリンピックの開催地はIOCの委員の投票によって決めることになっている。
④わが社は社内の公用語を英語にすることによって、国際化を目指している。

やってみよう！

▶答え　別冊P.3

1）このかばんは通信販売（によって・による）売り上げが全体の80％を占めている。

2）占い（によって・による）、自分の将来を決めるのはあまりよくないと思う。

3）マラソン大会はたくさんの人々の協力（によって・による）無事に終了した。

☞　58　大雨**による**山崩れ
　　83　人**によって**その楽しみ方はそれぞれだ

22　100区画の募集に対して　★★★

どう使う？

「～に対して」は、人に向かって直接働きかけをしたり、「やさしい」「失礼だ」といった態度を表すときに使う。意見・問題・要求に応えたり反対したりするときにも使う。
Use "～に対して" when you talk about direct actions toward another person or certain attitudes such as "やさしい" and "失礼だ". You can also use it when you respond to or refuse / refute an opinion, problem or request / demand.

N ＋ ┌ に対して（は／も）
　　　　├ に対し
　　　　└ に対する ＋ **N**

①彼女はだれに対しても親切です。
②目上の人に対しては敬語を使いましょう。

③私費留学生に対する奨学金などの援助はまだ十分ではないと思う。

④この病気に対する効果的な治療法はまだ見つかっていない。

▶答え　別冊P.3

やってみよう！

1）社員の要求（に対して・に対する）、会社側からは何の回答もなかった。

2）子ども（に対して・に対する）親の愛情はいつの時代でも変わらない。

3）A市では、町の開発計画（に対して・に対する）、住民から不満が出ているそうだ。

23　希望者が多いため　★★★

どう使う？

「〜ため（に）」は、〜が原因、理由でと言うときに使う。
Use "〜ため（に）" when you say that "〜" is the cause or reason.

PI ＋ ため（に）
[なA だな　N だの]

①雨のためにハイキングは中止になりました。

②外国人観光客が増えたため、外国語のパンフレットを作る

　ことになった。

③事故のため、電車が遅れております。

④理由：ABK大学受験のため

文末に「〜たい・〜つもりだ」などは使わない。

Do not use words such as "〜たい・〜つもりだ" at the end of the sentence.

やってみよう！

1）私が乗った新幹線は信号故障のため、　　　　　　・　　　　・a　ビールがよく売れた。

2）今年の夏は暑かったために、　　　　　　　　　　・　　　　・b　1時間以上遅れた。

3）大型ショッピングセンターができたために、　・　　　　・c　来月から飛行機代も値上がりするらしい。

4）石油の値段が上がったため、　　　　　　　　　・　　　　・d　近くの道路が渋滞するようになった。

24　1家族につき1区画　★

どう使う？

「～につき…」は、「使用料は1時間につき1000円」のように「～」の数の単位（1時間）で「…」の数（1000円）と言うときなどに使う。

Use "～につき…" as in the phrase "使用料は1時間につき1000円", which means there is a charge of 1,000 yen per hour. In this case the rate is expressed as a number "…" (1,000 yen), which accrues for every unit of "～" (1 hour).

N ＋ につき

①当スポーツクラブ会員以外の方でも、1回につき2,000円で施設をご利用いただけます。

②今回のチャリティコンサートは、ハガキ1枚につき2名様までお申し込みいただけます。

③ランニングマシンは予約制で、ご利用はお1人につき30分までとなっております。

25　下記のとおりです　★★★

どう使う？

「～とおり」は、言ったことや予想したことなどと同じだと言うときに使う。

Use "～とおり（に）" when you say that something happened exactly as someone said or guessed it would.

V-る ／ **V-た**　
N　の
＋
とおりだ
とおり（に）

①今日の映画は本当におもしろかった。友だちが言ったとおりだった。

②初めて見た富士山は私が想像していたとおりにきれいだった。

③料理の本に書いてあるとおりに作ったら、おいしくできた。

やってみよう！

▶答え　別冊P. 3

1）はい、体操を始めます。私が言う（とおりに・なら）動いてください。

2）ケーキを作る（とおりに・なら）キムさんに教えてもらったらいいですよ。

3）道を間違えない（とおりに・ように）この地図を持ってきてください。

　　地図の（とおりに・ほうが）来れば、すぐわかると思います。

「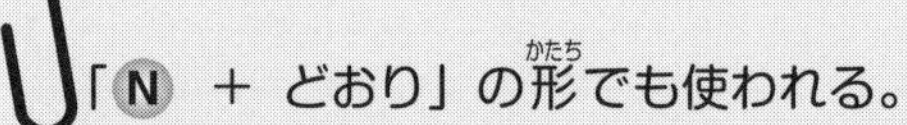　＋　どおり」の形でも使われる。　

①今日は予定どおりに仕事が進んだ。

②あいちゃんと純君が結婚するそうだ。やっぱり私の予想どおりだった。

Check

▶答え　別冊P. 3

1）説明書 ＿＿＿＿＿＿＿ プラモデルを作ろうとしたが、途中でわからなくなった。

2）本校は、筆記試験と面接 ＿＿＿＿＿＿＿ 合格者を決めます。

3）市民団体は市長 ＿＿＿＿＿＿＿、新しい市役所の建設を中止するように要求した。

4）強風 ＿＿＿＿＿＿＿、現在、電車の運転を見合わせています。

5）この駐車場は1時間 ＿＿＿＿＿＿＿ 200円となっております。

> に対して　　によって　　につき　　のために　　のとおりに

できること

● イベントなどについて、経験者の感想や活動内容から、様子がイメージできる。

Imagine what an event was like from a participant's impressions or activities they did.

　家族や仲間と一緒に収穫した野菜を食べるのは最高です。野菜作り**を通して**、自然に親しむこともできるし、バーベキューパーティー**のような**楽しいイベントもあります。実際に利用されている方のお話**によれば**、思ったより簡単にできるし、それに子どもと話す機会が増えて楽しかった**ということです**。

　農園の活動**について**詳しいことは、ホームページでも紹介しています。皆さん、一緒に野菜を作りましょう！

草野指導員

21〜30

26　野菜作りを通して　★

どう使う？

「〜を通して／〜を通じて」は、直接ではなく、人、手段、物事が間に入って何かをすることを表す。

"〜を通して／〜を通じて" says that rather than doing something directly, an action was taken by way of another person, means or thing.

Ⓝ ＋ ┌ を通して
　　　└ を通じて

①現在はインターネットを通して、すぐに世界中にニュースが広まる。
②私たちは読書を通していろいろな人の考え方を知ることができます。
③取材は、弁護士を通して申し込んでください。
④私は海外留学の経験を通じて多くのことを学んだ。

☞ 52 四季を通じて

27 パーティーのような楽しいイベント ★★★

どう使う？

「〜のような／〜のように」は、代表的な例をあげるときに使う。
Use "〜のような／〜のように" when you give a typical example.

N ＋ のように
のような ＋ N

①インフルエンザのようなほかの人にうつる病気になったら、治るまで学校へ来てはいけないことになっています。
②われわれのようなプロのスポーツ選手には食事も練習と同じぐらい大切です。
③梅雨のように雨の多い季節は洗濯物が乾かなくて困ります。
④体力がないので、テニスのように激しいスポーツはできません。

やってみよう！

▶答え　別冊P. 3

1）世の中には ＿＿＿＿＿＿ のように、人の仕事を手伝って働いている動物がいる。
2）＿＿＿＿＿＿ のような大都市では車より電車や地下鉄のほうが便利ですよ。
3）＿＿＿＿＿＿ のような大きいものを捨てるときは区役所に連絡して取りに来てもらわなければなりません。
4）＿＿＿＿＿＿ のようなカロリーの高いものを食べすぎると体に悪いですよ。

東京　　牛や馬　　トンカツ　　ベッド

〜みたい ★★★ 

友だちとの会話では「〜みたい」も使う。

N ＋ みたい

①ピアノみたいに大きくて重いものがあると、引っ越しが大変だね。
②キュウリやトマトみたいな夏野菜は育てやすいそうだ。
③冬は沖縄みたいな暖かいところに旅行に行きたいな。

☞ 42　本当のハムの**ように**
　　80　雪が降っている**かのように**

21
〜
30

28　利用されている方のお話によれば ★★

どう使う？

「〜によれば／〜によると」は、情報を何で知ったかを言いたいときに使う。文の終わりは「〜そうだ／〜ということだ」などの形になる。
Use "〜によれば／〜によると" when you want to say where you got some information from. Patterns used at the end of the sentence include "〜そうだ／〜ということだ".

N ＋ ［ によれば
　　　　　 によると

①最近の調査によれば、病気ではないが不健康な人が増えているそうだ。
②今朝の天気予報によると、今週はずっと晴れるそうだ。
③観光ガイドブックによれば、この町では毎週日曜日に朝市が開かれるらしい。

やってみよう！

▶答え　別冊P. 3

１）ネットの掲示板（によれば・によって）さくら商店街のレストランのランチは安く
　　ておいしいということだ。

２）わが社は新しいシステムの導入（によれば・によって）全社員の残業時間が大幅に
　　短縮された。

３）アンケート（によれば・によって）このホテルは利用者の90％が非常に満足してい
　　るそうだ。

29 楽しかったということです　★★★

どう使う？

「〜ということだ／〜とのことだ」は、聞いた情報の内容をほかの人に伝えるときに使う。
Use "〜ということだ／〜とのことだ" when you tell another person some information you heard.

PI + ┌ ということだ
　　　└ とのことだ

①ニュースでは、今年は水不足の心配はないということです。
②部長の話によると、今年の新入社員の数は去年の倍だということだ。
③高橋さんから電話がありました。またあとで電話するとのことです。
④お孫さんがお生まれになったとのこと、おめでとうございます。

やってみよう！

▶答え　別冊P. 3

１）山田さんからメールがあって、道が　　　・
　　　混んでいるので、

２）東京は雪が降っているということですが、・

３）来月日本にいらっしゃるとのことで、　　・

４）事故の原因を調べてもらいましたが、　　・

・a お会いできるのを楽しみにして
　　　おります。

・b 機械に異常はなかったというこ
　　　とです。

・c 到着が少し遅れるとのことです。

・d 電車はちゃんと動いていますか。

30 農園の活動について詳しいことは　★★★

どう使う？

「〜について」は、話題にしたり、考えたり、調べたりする内容を言うときに使う。
Use "〜について" when you introduce a topic or say what someone is thinking about or investigating.

N + ┌ について（は／も）
　　　└ についての ＋ **N**

①兄は大学院で、アジアの経済について研究しています。

②今年度の求人情報については、ホームページをご覧ください。

③部屋を借りるときは安全面についても確認したほうがいい。

④この図書館には、機械工学についての本がたくさんある。

やってみよう！

▶答え　別冊P.3

1）あなたの趣味（について・についての）話してください。

2）製品（について・についての）ご質問はサポートセンターにご連絡ください。

3）わが社の経営方針（について・に対して）説明します。

4）毎年、学校では自転車の利用者（について・に対して）交通安全指導を行っている。

21
〜
30

Check

▶答え　別冊P.4

1）卒業論文のテーマ ＿＿＿＿＿＿＿＿ 先生に相談したいと思っている。

2）A：どこへ旅行に行きたいですか。

　　B：パリ ＿＿＿＿＿＿＿＿ すばらしい美術館がある町へ行きたいですね。

3）先生の話 ＿＿＿＿＿＿＿＿、来週は大きいテストが3つもあるそうだ。

4）私は、共通の友人 ＿＿＿＿＿＿＿＿ 妻と知り合いました。

5）台風が近づいている ＿＿＿＿＿＿＿＿ から、皆さん十分気をつけてください。

を通じて　　について　　ということです　　によれば　　のような

▶答え　別冊 P.14

問題1 〈文法形式の判断〉

次の文の（　　　）に入れるのに最もよいものを、1・2・3・4から一つえらびなさい。

1 彼（かれ）の意見（　　　）反対（はんたい）する人はだれもいなかった。

　1 にたいする　　**2** にたいして　　**3** について　　**4** についての

2 父の店でもコンピューター（　　　）商品管理（しょうひんかんり）を行（おこな）っている。

　1 によると　　**2** によれば　　**3** による　　**4** によったら

3 今朝（けさ）のニュース（　　　）、昨日高速道路（きのうこうそくどうろ）で大事故（だいじこ）があったそうだ。

　1 によれば　　**2** によって　　**3** について　　**4** をつうじて

4 部長の指示（しじ）（　　　）仕事を進めたが、うまくいかなかった。

　1 どおりに　　**2** とおりに　　**3** にたいして　　**4** にたいしての

5 見学（けんがく）を希望（きぼう）する場合は、1週間前までに担当者（たんとうしゃ）（　　　）申（もう）し込（こ）んでください。

　1 について　　**2** のために　　**3** のとおりに　　**4** をつうじて

6 兄は工業ロボット（　　　）研究している。

　1 についての　　**2** について　　**3** にたいして　　**4** にたいしての

7 インフルエンザが流行（りゅうこう）している（　　　）、お見舞（みま）いの方にもマスクをしていただくことになっています。

　1 と　　**2** ように　　**3** という　　**4** ため

8 私の国は暑いので、スキー（　　　）冬のスポーツは一度もしたことがないんです。

　1 のとおりに　　**2** のような　　**3** について　　**4** にたいして

9 本日発売されたゲームは、たいへんな人気で、1時間ぐらいで全部売れてしまった（　　　）。

1　ところです
2　ということです
3　ばかりです
4　とたんです

問題2 〈文の組み立て〉

次の文の　★　に入る最もよいものを、1・2・3・4から一つえらびなさい。

1　昨日私の大学で、＿＿＿　＿＿＿　★　＿＿＿開かれた。

1　について
2　考える
3　アジア経済
4　国際会議が

2　祖父は会社では厳しい社長だが、＿＿＿　＿＿＿　★　＿＿＿優しい。

1　に対しては
2　私たち
3　孫の
4　とても

3　昨日見た映画は、＿＿＿　＿＿＿　★　＿＿＿なった。

1　予想した
2　私が
3　結末に
4　とおりの

問題3 〈文章の文法〉

次の文章を読んで、文章全体の内容を考えて、　1　～　4　の中に入る最もよいものを、1・2・3・4から一つ選びなさい。

　　バレンタインデーにチョコレートを贈る習慣　1　、女性にアンケートを行ったら、「続けたい」が「やめたい」を上回った。
　　いちばん好きな人には特別に手作りのチョコや、値段の高いチョコを贈るというのは予想　2　だが、それ以外の人に贈る場合はどうなのだろうか。
　　働いている人は、「義理チョコ」　3　、職場の人間関係がよくなればいいと答える人が多かった。
　　また、女子高校生の回答　4　、男子に贈らないで、クラスの女の子に「友チョコ」を贈ることが多いということだ。
　　チョコレートの贈り方は世代で違うようだ。

<table>
<tr><td>1</td><td>1 について</td><td>2 についての</td></tr>
<tr><td></td><td>3 にたいして</td><td>4 にたいしての</td></tr>
</table>

<table>
<tr><td>2</td><td>1 とおり</td><td>2 どおり</td><td>3 をとおして</td><td>4 をとおって</td></tr>
</table>

<table>
<tr><td>3</td><td>1 とおり</td><td>2 どおり</td><td>3 をとおして</td><td>4 をとおって</td></tr>
</table>

<table>
<tr><td>4</td><td>1 によって</td><td>2 によっての</td><td>3 によると</td><td>4 について</td></tr>
</table>

問題4 〈聴解〉

1　この問題では、まず質問を聞いてください。そのあと、問題用紙を見てください。読む時間があります。それから話を聞いて、問題用紙の1から4の中から、最もよいものを一つえらんでください。

<table>
<tr><td>1</td><td>1 ストレス解消ができたこと</td><td>2 野菜の育て方がわかったこと</td></tr>
<tr><td></td><td>3 トマトとナスがとれたこと</td><td>4 体調がよくなったこと</td></tr>
</table>

<table>
<tr><td>2</td><td>1 遅刻するので困ると思っている</td></tr>
<tr><td></td><td>2 本当に迷惑だと思っている</td></tr>
<tr><td></td><td>3 しかたないと思っている</td></tr>
<tr><td></td><td>4 とてもよかったと思っている</td></tr>
</table>

15

2　この問題では、絵を見ながら質問を聞いてください。矢印（→）の人は何と言いますか。1から3の中から、最もよいものを一つ選んでください。

1　2　3

16

水泳大会（1）
A swimming competition (1)

●個人的なことについて、確認しながら、友だちとおしゃべりができる。
Talk with a friend about a private matter while confirming information.

17

鈴木：あー、疲れた。

佐藤：どうして？

鈴木：来週の日曜に水泳の大会があるから、毎日練習し**てる**んだ。

佐藤：え？　応援に行か**なきゃ**。何時に始まるの？

鈴木：9時からだけど、バイトだろ？　来なくてもいいよ。

佐藤：自由形に出るんだ**っけ**。

鈴木：うん。100メートルと200メートル。

佐藤：がんばってね。もしかして優勝し**た**

　　　りして？

鈴木：ははは…。

31
〜
41

31　毎日練習し**てる**んだ　★★★

「〜ている」「〜ておく」などは、「〜てる」「〜とく」のように短く話すために音を省略したり、形を変えて使うことがよくある。
"〜ている" and "〜ておく" are often changed to simplify their pronunciation by shortening them to "〜てる" and "〜とく".

普通形 PI Plain form	縮約形 Contraction	変化の法則 Rule for change
見**ている** 読ん**でいる**	見**てる** 読ん**でる**	ている→てる でいる→でる　　　＊1
見**ておく** 読ん**でおく**	見**とく** 読ん**どく**	ておく→とく でおく→どく　　　＊2
忘れ**てしまう** 読ん**でしまう**	忘れ**ちゃう** 読ん**じゃう**	てしまう→ちゃう でしまう→じゃう　　＊3
見**ては**いけない 読ん**では**いけない	見**ちゃ**いけない 読ん**じゃ**いけない	ては→ちゃ では→じゃ
読ま**なければ**いけない	読ま**なきゃ**いけない	なければ→なきゃ
読ま**なくては**いけない	読ま**なくちゃ**いけない	なくては→なくちゃ

＊1 「見てて」「読んでた」のようにⅡグループの動詞と同じように使われる。
　　Used in the same way as Group 2 verbs, as in " 見てて " and " 読んでた ".
＊2 「見といて」「読んどいた」のようにⅠグループの動詞と同じように使われる。
　　Used in the same way as Group 1 verbs, as in " 見といて " and " 読んどいた ".
＊3 「読んじゃって」「忘れちゃった」のようにⅠグループの動詞と同じように使われる。
　　Used in the same way as Group 1 verbs, as in " 読んじゃって " and " 忘れちゃった ".

①Ａ：あ、あそこにきれいな花が咲いてるよ。

　Ｂ：ほんとだ。

②Ａ：これ、どこに置きますか。

　Ｂ：じゃ、あそこの机の上に置いといてください。

③Ａ：昼ご飯、食べた？

　Ｂ：うん、11時に食べちゃった。

④Ａ：宿題、終わった？　ちゃんとしなきゃだめよ。

　Ｂ：はーい。

やってみよう！

▶答え　別冊P. 4

例）何<u>読んでるの</u>？

（　読んでいるの　）

1）この本、<u>読んどいて</u>　ください。

（　　　　　　　　　）

2）発表の前にいろいろ<u>調べとかなきゃ</u>いけないよ。

（　　　　　　　　　）

３）試験勉強、まだぜんぜん<u>やってない</u>。

（　　　　　　　　　　）

４）レポート、絶対<u>出さなきゃ</u>だめかな？

（　　　　　　　　）

どう使う？

文を最後まで言わなくても意味がわかるときは、「〜なきゃ。」などのように文を全部言わないことがある。

When the meaning will be understood without saying the end of the sentence, you can use phrases such as "〜なきゃ。" to shorten the sentence.

①ねえ、ちょっと手伝って（ください）。

②Ａ：これ、よくわからないなあ。

　Ｂ：山田さんに聞いたら（どうですか）？

③Ａ：明日、来られる？

　Ｂ：わからない。無理かも（しれない）。

④あ！　大変！　宿題しなきゃ（いけない）。

④

やってみよう！

▶答え　別冊P. 4

例）この漢字の読み方、教えて（　ください　）。

１）帰国前にお土産買っておかなきゃ（　　　　　　　　　）。

２）具合が悪かったら、早く帰って寝たら（　　　　　　　　）？

３）部屋を出るときは、電気を消して（　　　　　　　　）。

長音（伸ばす音）を伸ばさないことがある。　★★

Prolonged / long sounds are sometimes shortened.

①Ａ：おはよ（う）。この本、ありがと（う）。すごくおもしろかった。

　Ｂ：ね、おもしろかったでしょ（う）。

②そんなことしてないで、早く行こ（う）。

③Ａ：じゃ、水曜日に会お（う）。

　Ｂ：うん。さよ（う）なら。

どう使う？

「〜っけ」は、はっきりわからないことや、聞いたのに忘れてしまったことを確認するときに使う。
Use "〜っけ" when you confirm something that you do not fully know about or something that you heard but forgot about.

 ＋ っけ

＊「んだ」と一緒に使われることも多い。

①クリーニング屋、何時までだっけ。

②そのケーキ、どうしたの？ 今日、だれかの誕生日だっけ。

③A：おかえりなさい。あれ、買ってきてくれた？

　B：え？ 何か頼まれてたっけ。

④A：あの店、ディナーだと高いんだっけ。

　B：クーポン券があるから、大丈夫だよ。

⑤A：あれ？ これいつ買ったんだっけ。

　B：先週、私が買ってきたのよ。

⑥高橋さん、昨日のパーティーにいらっしゃいましたっけ。

過去に知ったことは、現在、未来のことでも過去形を使うことがある。
Use the past form for something you found out about in the past, even if it will happen in the present or in the future.

①今度のテスト、来週の月曜日だったっけ。
②電池、どこに入れてありましたっけ。

やってみよう！

▶答え　別冊P. 4

例）A：田中さん、ここへ来たの、初めてだ（っけ・よ）。

　　B：うん、初めてだ（っけ・よ）。

１）A：おなかすいた。何かお菓子、買ってあった（っけ・よ）。

　　B：冷蔵庫にアイスクリームがある（っけ・よ）。

２）A：何だ（っけ・よ）、先生がいいって言ってた本の名前。

　　B：『百万回生きた猫』だよ。

３）A：ぼく、昨日、ジョニーの新しい映画見たんだ（っけ・よ）。

　　B：え？　もう始まってるんだ（っけ・よ）。

４）A：石油の値段がまた上がるらしいね。

　　B：え？　そんなこと言ってた（っけ・よ）。

34　優勝したりして？　★

どう使う？

「〜たりして」は、「〜かもしれない」という意味を表す。
" 〜たりして" means "perhaps" or "maybe."

PI ＋ りして

[過去形だけ　Past form only]

①A：佐藤さん、まだ来ないね。

　　B：もしかして寝てたりして…。

②A：これいくらかな？

　　B：すごく高かったりして…。

③A：ねえ、あのサングラスの人、かっこいいよね。

　　B：芸能人だったりして…。

☞ 105　弱気になったりして

Check 📖

▶答え　別冊P. 4

１）A：あれ？　天気予報、今日雨降るって言ってた（っけ・って）？

　　B：ううん。晴れって言ってたのに…。

２）A：さくらちゃん、遅いね。大丈夫かな？

　　B：そうね。道に迷って（たりして・たっけ）。

３）A：大変だ！　キャッシュカード落としちゃった。

　　B：じゃ、すぐに銀行に連絡（しちゃ・しなきゃ）。

１）

4 水泳大会（2）

A swimming competition (2)

できること

●個人的なことについて、意見や感想を交えて、友だちとおしゃべりができる。
Talk with a friend about a private matter as you exchange opinions and impressions.

鈴木：がんばっ**たって**、優勝は絶対無理**に決まってる**よ。

佐藤：試合なんだから、強気で行かなきゃだめ**じゃない**。

鈴木：そんなこと言ったって、強い選手**って**、小さいときからずっと泳いでいる
　　　んだよ。

佐藤：ふうん。そうなんだ。なかなか大変**みたい**だね。

鈴木：ぼくも子どものころからやってお**けばよかった**なあって、ときどき思うけ
　　　どね…いつも遊ん**でばかり**だったから。

佐藤：きびしいんだね。

鈴木：でも、おもしろいよ。少しでも速く、
　　　上手に泳ごうと思ってがんばるのは、
　　　試合があるからだし…。

35　がんばったって　★★

どう使う？

「〜たって」は、「急いだって間に合わない」「先生だってわからないことはある」のように、「〜ても」と同じ意味で使う。
When you use "〜たって", it means the same as "〜ても", as in "急いだって間に合わない" and "先生だってわからないことはある".

V-た	
いA ≒くた	
なA だ	+ って
N だ	

V-なむ くた	
いA ≒くなくた	
なA じゃなくた	+ って
N じゃなくた	

①お金持ちだって、幸せじゃない人もいます。

②病院に行ったって、すぐには治らないよ。

③悲しくたって、さびしくたって、絶対泣かない。

④まだ若いので、一晩ぐらい寝なくたって大丈夫です。

やってみよう！

▶答え　別冊P. 4

1）どんなに（便利だって・不便だって）高ければ売れないだろう。

2）肉が（あったって・なくたって）、えびを使えばおいしいギョーザが作れます。

3）顔が（よくたって・悪くたって）性格が悪ければだめだよ。

4）けんかを（したって・しなくたって）、すぐに謝れば仲直りできるよ。

☞ 11　クロって名前
38　強い選手って

36　無理に決まってるよ　★★

どう使う？

「〜に決まっている」は、「絶対〜だと思う」と強く言うときに使う。
Use "〜に決まっている" when you want to stress that you are absolutely sure of something.

PI ＋ に決まっている

[なAだ　Nだ]

①A：あ、かわいい犬。チョコレートあげてもいいかな。

　B：え？ 犬にチョコ？ だめに決まってるじゃない！

②あのチームは今年も最下位に決まってるよ。

③A：おばあちゃん、プレゼント、喜んでくれるかなあ？

　B：Aちゃんが選んだんだから、喜ぶに決まってるよ。

1）A：暑い暑い！

　　B：夏は暑い（に決まっている・ことがある）でしょう。

2）A：土曜日はうちにいない（に決まっています・ことがあります）。

　　B：じゃ、行く前に電話します。

3）A：ねえ。このホテル、すてきね。ここに泊まろうよ。

　　B：だめだめ。そんな有名なホテル、高い（に決まっている・ことがある）よ。

37　行かなきゃだめじゃない　　★★★

どう使う？

「〜じゃない」は、聞き手も知っていると思うことや同じ意見だと思うことを確認するときに使う。非難や発見の意味を表すこともある。否定の意味はない。言うときに語尾を上げない。

Use "〜じゃない" when you want to confirm that the listener also knows the same thing or has the same opinion as you. This word is also used to reproach or to talk about a discovery. This does not contain negative meaning. When spoken, the intonation does not rise at the end.

PI ＋ じゃない ↘

[なA だ　N だ]

＊「じゃない」は、下降イントネーションになる。
　The intonation of "じゃない" is falling.

①A：今度のクラス会、どこでする？

　B：レストランABK、広くて、交通の便もいいじゃない。あそこがいいよ。

②A：駅前に新しいコンビニができたじゃないですか。今、おにぎりが全部50円引きなんですよ。

　B：へえ、そうですか。

③A：あ！　いけない！　電話するの忘れてた。

　B：だめじゃない。ちゃんと連絡しなきゃ。

④A：Bさん、すごい！　歌下手だって言ってたけど、上手じゃない。

　B：この歌だけね。一生けんめい練習したの。

やってみよう！

1）A：ラーメン食べに行こ！

　　B：えー、ラーメン！？　昨日^{きのう}食べたじゃない。

　a　昨日^{きのう}、ラーメンを食べた。

　b　昨日^{きのう}、ラーメンを食べなかった。

2）A：このケーキ、食べてみて。

　　B：おいしいじゃない。佐藤^{さとう}さんが作ったの？　すごいね。

　a　佐藤^{さとう}さんが作ったケーキはおいしい。

　b　佐藤^{さとう}さんが作ったケーキはおいしくない。

3）A：約束^{やくそく}の時間に来られなかったら電話してって言ったじゃない。

　　B：今度は連絡^{れんらく}するよ。

　a　Aさんは電話してほしいと言わなかったから、Bさんはしなかった。

　b　Aさんは電話してほしいと言ったがBさんはしなかった。

　c　Bさんは時間に遅^{おく}れたから、連絡^{れんらく}できなかった。

31
〜
41

✚ Plus

〜じゃん ★ 

「〜じゃん」の形^{かたち}も同じように使われる。

PI ＋　じゃん ↘

A：だめじゃん。友だちの宿題写^{しゅくだいうつ}しちゃ。

　　自分でやらなきゃ意味ないじゃん！

B：そんなに怒^{おこ}らなくてもいいじゃん。

38　強い選手^{せんしゅ}って ★

どう使う？

「〜って」は、「クロってかわいいね」のように、「〜は」のかわりに使う。
Use "〜って" in place of "〜は", as in "クロってかわいいね".

N ＋　って

①山田さんって親切よね。

②これってただでもらってもいいの？

③ディズニーランドってどこにあるか知ってる？

④リンさんっていつ帰国するんだっけ。

☞ 11　クロって名前
　　35　がんばっ**たって**

39　大変みたいだね　　★★★

どう使う？

「〜みたい」は、話し手の推量を表す「〜よう」の意味で使う。
Use "〜みたい" to state the speaker's speculation, as in "〜よう".

PI ＋ みたい（だ）
［**なA**だ　**N**だ］

①A：なんか疲れてるみたいだけど、仕事忙しいの？

　B：そうじゃなくて、勤務地が変わって通勤が大変なんだ。

②A：新しくできた美術館、人気あるみたいだね。もう行った？

　B：うん、すてきな絵がたくさんあったよ。

③となりのお嬢さん、今日成人式みたい。きれいな着物着て出ていったから。

④ようやく梅雨明けしたみたいだね。これから暑くなるね。

⑤私、どこかで財布落としちゃったみたい。いくら探してもないのよ。

やってみよう！

▶答え　別冊P. 4

1）経済学理論の授業、単位取るの難しい・
　みたいだね。

2）どうも食中毒みたいなんだ。　　　　・

3）課長、海外支社に転勤になるみたいよ。・

4）となりの空き地に高層マンションが建・
　つみたいよ。

・a 日当たりが悪くなって困るよね。

・b 後任はだれになるのかな。

・c 昨日からおなかこわしちゃって…。

・d 先輩が落としちゃったって言ってたよ。

どう使う？

「〜ばよかった」は、自分が〜しなかったから悪い結果になったことを後悔したり、ほかの人がしなかったことを残念に思ったときに使う。

Use "〜ばよかった" when you regret a bad result due to you not taking an action, or when another person's inaction is unfortunate.

V-ば	
いA ~~い~~ ければ	+ よかった
なA なら	
N なら	

V- ~~る~~ なければ	
いA ~~い~~ くなければ	+ よかった
なA じゃなければ	
N じゃなければ	

①A：わあ、富士山がとってもきれい！

　B：ほんと！　カメラを持ってくればよかったね。

②急いでいたからタクシーに乗ったんだけど、乗らなければよかったよ。電車より時間がかかっちゃった。

③このかばん、機内持ち込みだめだって。もうちょっと小さければよかったんだけど…。

④A：Bちゃんのお母さん、すてきだよね。私は子どものころ、Bちゃんのお母さんが私のお母さんならよかったのにって、思っていたの。

　B：へえ。Aちゃん、そんなこと思っていたの。ぜんぜん知らなかった。

やってみよう！

▶答え　別冊P. 4

1）A：のどかわいたね。

　B：さっき自動販売機で、水買えばよかったね。

　a　さっき水を買ったので、水が飲めて、よかった。

　b　さっき水を買わなかったので、のどがかわいて困っている。

２）A：留学生の交流パーティー、どうだった？

　　B：とても楽しかったです。先輩も来ればよかったのに…。

　　a　先輩が楽しいパーティーに来なかったので残念だと思っている。

　　b　先輩もパーティーに来て、楽しくてよかったと思っている。

３）あんまりおいしくないね。やっぱりレシピどおりに作ればよかった。

　　a　レシピどおりに作ったのに、おいしくなかった。

　　b　レシピどおりに作らなかったので、おいしくなかった。

41　遊んでばかりだった　★★★

どう使う？

「～ばかり」は、～が多くて困る、～以外のことをしないから困ると批判的に言うときに使う。
Use "～ばかり" to express criticism of only doing "～" or of doing it too much because it causes a problem.

N
V-て] ＋ ばかり

＊「**V-て** ＋ ばかりいる」の形も使われる。

①最近雨ばかりで、洗濯物が乾かなくて困っています。

②ゲームばかりしていると、目が悪くなりますよ。

③逃げてばかりじゃ勝てないぞ。攻めていけ！

④あの子はいたずら好きで、みんなを困らせてばかりいる。

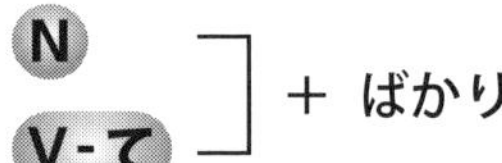やってみよう！

▶答え　別冊P. 4

１）学生はおしゃべりばかりしていて、　　　・　　　・a　お巡りさんは困ってしまった。

２）迷子の女の子は何を聞いても泣いてば・　　　・b　ぜんぜん進まない。
　　かりいるので、

３）子どものころは妹とけんかしてばかり・　　　・c　ぜんぜん先生の話を聞いていない。
　　いましたが、

４）セーターを編み始めたけど、間違えて・　　　・d　今は仲よく一緒に旅行しています。
　　ばかりいて、

「 V-る ／ V-て いる ＋ ばかり」の形も使われる。

①彼は文句を言うばかりで、ぜんぜん働かない。

②コアラを見に行ったのに、寝ているばかりでぜんぜん動かないのでがっかりした。

☞ 59　田舎**ばかりでなく**東京に**も**
69　卒業**したばかり**なんだから

31
～
41

Check

▶答え 別冊P. 5

1）A：ロレックスの時計が15,000円だって。

　　B：そんなの偽物（に決まってる・ならよかった）よ。

2）A：ねえ、車買おうよー！

　　B：車、（買ったって・買えば）忙しくて乗る時間ないよ。

3）A：このカレー、辛すぎて食べられないよ。

　　B：甘口を（頼めば・頼んで）よかったね。

4）A：新しい会社どう？

　　B：まだ仕事がよくわからなくて、失敗（した・して）ばかりです。

5）A：調子悪いの？

　　B：うん、ちょっと熱がある（に決まっている・みたい）。

6）A：おなかすいたね。

　　B：え？もう？さっきサンドイッチ食べた（っけ・じゃない）。

▶答え　別冊P.15

問題 1 〈文法形式の判断〉

次の文の（　　　）に入れるのに最もよいものを、1・2・3・4から一つえらびなさい。

___1___　A：だめよ。新聞を火のそばに置いたら火事になっちゃう（　　　）。
　　　　B：ごめん、ごめん。すぐ片付けるから。

1　か　　　　　　　**2**　なら　　　　　　　**3**　っけ　　　　　　　**4**　じゃない

___2___　昨日からのどが痛くて、なんだか風邪をひいた（　　　）なんだ。

1　ばかり　　　　　**2**　みたい　　　　　　**3**　ところ　　　　　　**4**　はず

___3___　A：奨学金の申し込みっていつまでだった（　　　）？
　　　　B：来週の金曜までだよ。

1　んだ　　　　　　**2**　っけ　　　　　　　**3**　よ　　　　　　　　**4**　か

___4___　A：このケーキ、おいしいね。
　　　　B：ほんと？　うれしい！　昨日がんばって作った（　　　）。

1　んだ　　　　　　**2**　って　　　　　　　**3**　っけ　　　　　　　**4**　じゃない

___5___　A：わあ！　立派な家！　どんな人が住んでるのかな？
　　　　B：お金持ち（　　　）よ。

1　ばかり　　　　　　　　　　　　　　　　　**2**　ならよかった

3　に決まってる　　　　　　　　　　　　　　**4**　じゃない

___6___　A：うー、寒い！　風邪ひきそう。コートを（　　　）。
　　　　B：だから、「コートは？」って聞いたのに。

1　着てくればよかった　　　　　　　　　　　**2**　着てきてよかった

3　着てこないでよかった　　　　　　　　　　**4**　着てこなければよかった

| 7 | A：さっき買ったコップに、ひびが入ってたんだ。 |

B：じゃ、取り替えて（　　　）？

1　もらえたら　　　　　　　　　　**2**　もらったら

3　もらったっけ　　　　　　　　　**4**　もらえたって

 〈文の組み立て〉

次の文の__★__に入る最もよいものを、1・2・3・4から一つえらびなさい。

| 1 | A：明日の集合時間、6時だよ。 |

B：そんな_____　_____　__★__　_____ないじゃない。どうしよう。

1　電車　　　　　**2**　早い　　　　　**3**　動いて　　　　**4**　時間じゃ

| 2 | いくら合格する_____　_____　__★__　_____受からないよ。 |

1　ように　　　　**2**　お祈り　　　　**3**　勉強しなきゃ　**4**　したって

| 3 | 忙しくても、仕事_____　_____　__★__　_____体を壊すよ。 |

1　していないで　**2**　休まないと　　**3**　ばかり　　　　**4**　少しは

 〈聴解〉

この問題では、問題用紙に何も印刷されていません。まず文を聞いてください。それから、その返事を聞いて、1から3の中から、最もよいものを一つえらんでください。

1	**1**　**2**　**3**	🎧19
2	**1**　**2**　**3**	🎧20
3	**1**　**2**　**3**	🎧21
4	**1**　**2**　**3**	🎧22
5	**1**　**2**　**3**	🎧23

5 手作りハムのレシピ（1）

A recipe for homemade ham (1)

できること

- レシピを読んで、どんな料理か理解できる。
  Read a recipe and understand what kind of food it is for.

皆様、本日ご紹介する「とりハム」は、安いとり肉を本当のハムの**ように**おいしくできます。サラダやサンドイッチ**はもちろん**、ほかの料理に**も**おすすめです。2日かかりますが、とても簡単に作れるので、ぜひ作ってみてください。

材料

・とりむね肉	1枚	（むね肉はもも肉**ほど**あぶらが多く**ない**ので、あっさりしていて食べやすい）
・はちみつ	大さじ1	（はちみつの**かわりに**砂糖でもよい）
・塩	大さじ1	
・こしょう	少々	

42　本当のハムのように　　★★

どう使う？

「〜よう」は、「氷のように冷たい手」のように、似ているものを言って、様子や状況を説明するときに使う。
Use "〜よう" to describe an appearance or situation by saying that it resembles something else, as in "氷のように冷たい手".

$$\boxed{N}\ \text{の}$$
$$\left.\begin{array}{l}\boxed{V\text{-る}}\ /\ \boxed{V\text{-た}} \\ \boxed{V\text{-て}}\ \text{いる}\end{array}\right\} + \left[\begin{array}{l}\text{ようだ} \\ \text{ように} \\ \text{ような} + \boxed{N}\end{array}\right.$$

①あのえんぴつのような形をしている建物は、電話会社のビルです。

②わが社の新しいロボットはまるで人間のように手足が自由に動きます。

③あの２人が話していると、まるでけんかをしているように聞こえる。

④今日は宿題が山のようにたくさんある。🔗

⑤夕方になって半額セールが始まると、お弁当は飛ぶように売れて、あっという間になくなってしまった。🔗

やってみよう！

▶答え　別冊P. 5

１）佐藤さんのお姉さんはファッションモデルの（ように・ような）かっこいい。

２）あの雲は魚の（ように・ような）形をしている。

３）あの体操選手の動きは、機械の（ように・ような）正確だ。

４）今日は真夏の（ように・ような）暑さになりますので、体調管理にお気をつけください。

42
〜
50

✚ Plus

〜みたい　★★

友だちとの会話では「〜みたい」の形も使う。

$$\left.\begin{array}{l}\boxed{N} \\ \boxed{V\text{-る}}\ /\ \boxed{V\text{-た}} \\ \boxed{V\text{-て}}\ \text{いる}\end{array}\right\} + \left[\begin{array}{l}\text{みたい（だ）} \\ \text{みたいに} \\ \text{みたいな} + \boxed{N}\end{array}\right.$$

①A：山田先生って厳しいけど私たちのことほんとに心配してくれるよね。

　B：そうそう、ちょっとお父さんみたい。

②A：生まれたばかりの赤ちゃんって、猿みたいだよね。

　B：そんなことないよ。うちの子はかわいかったよ。

③わあ、すごい汗だね。シャワーを浴びたみたい。

 39　大変みたいだね

43 サンドイッチ**はもちろん**、ほかの料理**にも** ★★

どう使う？

「ＡはもちろんＢも」の形で、「Ａだけでなく、さらにＢも」と言いたいときに使う。
Use the " ＡはもちろんＢも" pattern when you want to say "not only A, but also B."

N₁ ＋ はもちろん **N₂** ＋ も

①山形はスキーはもちろん、温泉もいいのでたいへん人気があります。

②この店、ラーメンはもちろん、ギョーザもおいしいと評判ですよ。

③このタイプの旅行保険は、事故はもちろん、病気や盗難も補償いたします。

④父はゴルフが趣味で、週末はもちろん平日も仕事のあとで練習しています。

やってみよう！

▶答え 別冊P. 5

1）私が通っている日本語学校は ・

2）この旅行会社は ・

3）昨日大学から合格通知が来たので ・

4）私が来日したのは ・

・a 日本の伝統芸術はもちろん、アニメやファッションにも興味があるからです。

・b 両親にはもちろん先生や友だちにも急いで知らせた。

・c 日本語の授業はもちろん数学や英語の授業もあります。

・d 国内はもちろん海外にもたくさんの支店を持っています。

44 もも肉**ほど**あぶらが多く**ない** ★★

どう使う？

「ＡはＢほど〜ない」の形で、ＡはＢのレベルまでは達していないことを言うときに使う。
Use the " ＡはＢほど〜ない" pattern when you say that A is not as " 〜 " as B.

N
V-る ／ **V-た**
V-て いる ／ **V-て** いた ⎤ + ほど〜ない

①今年の冬は去年ほど寒くないですね。
②和菓子はケーキほどカロリーが高くないと思って、つい食べすぎてしまう。
③世の中はあなたが考えているほど甘くない。
④昨日の数学のテストは、思ったほど難しくなかった。
⑤今日見た映画は、友だちが言っていたほどおもしろくなかった。

やってみよう！

▶答え 別冊P. 5

1）私が生まれ育った町は、　　　　・　　・a 人前でひくほど上手じゃないですよ。

2）ちょっと頭が痛いけど、　　　　・　　・b 東京ほどにぎやかじゃない。

3）留学生活は　　　　　　　　　・　　・c 学校を休むほどひどくないから大丈
　　　　　　　　　　　　　　　　　　　　夫です。

4）ピアノはずっと習っているけど、・　　・d 心配していたほど大変じゃなかった。

☞　7　立っているのもつらい**ほど**
　57　木が育て**ば**育つ**ほど**
　111　これ**ほど**つらい風邪はひいたこと**ないよ**

42
〜
50

45 **はちみつのかわりに** ★★★

どう使う？

「〜かわりに」は、ほかの人がする、ほかのものを使う、ほかのことをすると言うときに使う。
交換条件などを表すときにも使われる。
Use "〜かわりに" when another person will do something, another object will be used, or another action will be taken. This expression is also often used to discuss things such as terms for an exchange.

Nの
V-る ／ **V-た** ／ **V-ない** ⎤ + かわりに

①母の帰りが遅くなる日は、母のかわりに私が夕食を作ることになっている。

②スミスさんはそばを食べるとき、おはしのかわりにフォークを使うそうだ。

③私たちは便利な生活を手に入れた<ruby>い<rt></rt></ruby>かわりに、多くの自然を失った。

④友だちに韓国語を教えるかわりに、日本料理の作り方を教えてもらっている。

やってみよう！

▶答え　別冊P. 5

1）ダイエット中なので　　　　　　　　　・　　　・a　今度ごちそうしてよね。

2）海外からお客様がいらっしゃっ・　　　　　・b　朝ご飯のかわりにこれを食べるようたときはいつも　　　　　　　　　　　　　　　　　　にしています。

3）引っ越し手伝ってあげるかわりに・　　　　・c　社長のかわりに部長があいさつする。

4）日曜日に仕事をするかわりに　　　・　　　・d　来週休みをもらうことになった。

「 N ＋ にかわって／にかわり」の形も使われる。　　　　　　★

①今後はガソリンで走る車にかわって電気自動車が普及するのだろうか。

②本日は、入院中の父にかわり、私がごあいさつさせていただきます。

Check 📖

▶答え　別冊P. 5

1）数学は英語　＿＿＿＿＿＿＿＿　得意じゃない。

2）高橋さん、私の　＿＿＿＿＿＿＿＿　大阪へ出張してくれませんか。

3）このアニメは、子どもは　＿＿＿＿＿＿＿＿　大人も十分楽しめます。

4）うちの犬ととなりの家の犬はきょうだいの　＿＿＿＿＿＿＿＿　仲がいい。

| ように　　かわりに　　ほど　　もちろん |

手作りハムのレシピ（2）

A recipe for homemade ham (2)

できること

- レシピを読んで、料理の手順や注意が理解できる。
  Read a recipe and understand the steps and advice.

🎧25

（1日目）

1. とりむね肉を切ら**ずに**ボウルに入れて、初めにはちみつ、または砂糖をかけて、次に塩、こしょうの順にかけてよく混ぜます。
2. 1をビニール袋に入れます。そのときできるだけ空気を入れないようにします。
3. ビニール袋に入れた**まま**、冷蔵庫の中に入れて1日置いておきます。

42
〜
50

（2日目）

1. とり肉をビニール袋から出してボウルに**入れ**、水ではちみつ（砂糖）、塩を洗い流します。
2. さらに、きれいな水に1時間つけたままにします。
3. 鍋にお湯をわかし、ふっとうした**ところ**へとり肉を入れます。
4. もう一度ふっとうしたら、すぐに火を止めてふたをします。
5. そのまま冷めるまで置いておきましょう。
6. 冷めたら取り出して冷蔵庫に入れて2、3日で食べ**きって**ください。

46　とりむね肉を切らずに　　　★★

どう使う？

「〜ずに」は、「〜ないで」の意味で使われる。

V-ない ＋ ずに

＊「する」→「せずに」　「来る」→「来ずに」

①かさを持たずに出かけて、雨に降られてしまった。

②名前を書かずにテストを出してしまった。

③涙のわけは聞かずに、そっとしておいてほしいと彼女に言われた。

④宛先のアドレスをよく確認せずに送信してしまった。

やってみよう！

▶答え　別冊P.5

1）今日は寝坊をしてしまって、　　　　　・　　・a 最後まであきらめずにがんばろう。

2）好き嫌いしないで、　　　　　　　　・　　・b 相手の名前を確かめずに切ってしまった。

3）注文の電話がかかってきたのに、　　・　　・c 野菜も残さずに食べないとだめですよ。

4）日本語能力試験まであと1か月、　　・　　・d 朝食を食べずに学校に来た。

47　ビニール袋に入れたまま　　　★★★

どう使う？

「〜たまま」は、状態が変わらないで続いていることを言うときに使う。次に何かをしなければならないのに、していないと言うときにも使う。

Use "〜たまま" when you say that a situation is continuing unchanged. You can also use it when you say that an action that follows the current situation is not being done even though it must be.

V-た
N の ＋ まま

①すぐに戻ってきますから、机の上はこのままにしておいてください。

②久しぶりに帰ったふるさとは以前のままだった。
③日本では卵を生のまま食べるというのは本当ですか。
④冬はくつ下をはいたまま寝ています。
⑤友だちから本を借りたままで、まだ返していない。
⑥部屋の電気をつけたまま寝てしまった。

③

やってみよう！

▶答え　別冊P. 5

1）ポケットにお金を（入れて・入れたまま）洗濯してしまった。

2）みんなかさを（さして・さしたまま）歩いているから、外は雨が降っているのだろう。

3）この本を（読んで・読んだまま）、レポートを書いてください。

4）昨日買った洋服を値札を（つけて・つけたまま）着て行って、友だちに笑われた。

📎 形容詞が使われることもある。　　　　　　　　　　　★★
　①この本は2冊買って、1冊は新しいままとっておくつもりです。
　②この冷蔵庫は魚でも野菜でも新鮮なまま保存できます。

42
〜
50

48　ボウルに入れ　　　　　　　　　★★★

どう使う？

「調査し、レポートを書く」のように、「〜て」のかわりに、ます形を使うことがある。
Use the ます form in place of "〜て", as in "調査し、レポートを書く".

①アンケートを実施し、結果をまとめて発表する。
②交通ルールを守り、安全運転をしましょう。
③高速道路の料金が値下げされ、利用者が増えた。

やってみよう！

▶答え　別冊P. 5

例）子どもは「よく　＿＿＿遊び＿＿＿、よく学べ」と昔からよく言われている。

1）小麦粉に卵と砂糖を　＿＿＿＿＿、よく混ぜる。

2）午後から久しぶりに雨が　＿＿＿＿＿、少し涼しくなった。

3）新郎の中村君は大学では経済を ＿＿＿＿＿、優秀な成績
で卒業されました。

| 遊ぶ | 降る | 入れる | 専攻する |

49　ふっとうした**ところへ**　★★

どう使う？

「～ところへ、…」は、ちょうど「～」の場面、「～」のときに、「…」をする、「…」が起きたと言うときに使う。
Use "～ところへ、…" when you say that someone did "…" or that "…" happened right in a certain setting or at a certain time (as expressed by "～").

V-る ／ **V-た**
V-て いる ⎤ ＋ ところ

> 「ところ」の後ろにつく助詞は、「～ところを見られた」「～ところ へ／に 来た」「～ところで終わった」など、後ろの動詞によって変わる。
> The particle after "ところ" changes according to the verb that follows, such as in "～ところを見られた"、"～ところ へ／に 来た" and "～ところで終わった."

①あくびしたところを写真に撮られたって、佐藤さん、怒ってたよ。
②大統領が記者会見をしているところに、緊急ニュースが飛び込んできた。
③A：試験、どうだった？

　B：うん。最後の問題が解けたところで、試験終了のチャイムが鳴ったんだ。
④部長がお客さんと話をしているところに声をかけて、あとで注意されてしまった。

やってみよう！

1）試合時間が残り1分を切ったとこ・
　　ろで、

2）授業中、寝ているところを、　　　・

3）夏休みで家族とのんびりしている・
　　ところに、

4）お湯がぐつぐつとふっとうしてい・
　　るところに、

・a めんを入れてください。

・b 会社から呼び出しの電話がかかって
　　きた。

・c ゴールを決められて負けてしまっ
　　た。

・d 先生に注意された。

「 V-て いた／ V-よう とした ＋ ところ」「いA ＋ ところ」の形も使われる。　★★

①その亀は子どもたちにいじめられていたところを、太郎に助けられました。

②犯人は逃げようとしたところを、警官に撃た
　れ、重傷を負いました。

③A：おばさん、こんにちは。

　B：あ、ちょうどいいところへ来た。ちょっと
　　手伝って。

①

42
〜
50

50　2、3日で食べきってください　★★★

どう使う？

「〜きる」は、全部〜する、最後まで〜すると言うときに使われる。「〜きれない」は多すぎて全
部〜できない、完全には〜できないという意味で使う。「疲れきる」「困りきる」など、決まった
言葉と一緒に「とても〜だ」という意味で使われることもある。

"〜きる" is used to say that something is all done or done to the end. "〜きれない" means
that the amount of a task is too great to do all of or to complete. In combination with
certain words, you can also make standard expressions to say that something is very "〜 ",
as in "疲れきる" and "困りきる".

V-ます ＋ きる

①この目薬は2週間で使いきってください。残ったら使わないで捨ててください。

②お菓子を作ったんですが、作りすぎて1人では食べきれないので、よかったらいかがで
　すか。

③父はずっと残業が続いていて、疲れきった顔をしている。

④両親に反対されているけれど、歌手になる夢はどうしてもあきらめきれない。

やってみよう！

▶答え　別冊P. 5

1）地球上には数え（きる・きれる・きれない）ほど多くの生物がいる。

2）この本を全部読み（きる・きれる・きれない）のに、1か月はかかるだろう。

3）私は1日100の単語なんて、とても覚え（きる・きれる・きれない）。

4）ピッチャーは最後まで一人で投げ（きる・きれる・きれない）ように体力をつけな
　ければならない。

Check

▶答え　別冊P. 6

1）不要なメールは（読んだまま・読まずに）削除することが多い。

2）A：このビデオは同時に4つの番組が録画できるのよ。

　　B：そんなにたくさん録画しても（見きれない・見たまま）よ。

3）彼はカラオケに行くとマイクを（持ったまま・持たずに）離さないらしい。

▶答え　別冊P.15

問題1 〈文法形式の判断〉

次の文の（　　　）に入れるのに最もよいものを、1・2・3・4から一つえらびなさい。

1 テレビを買おうと思って店に行ったら、（　　　）高くなかった。

1　思っていたほど　　　　　　　2　思うより

3　思うかわりに　　　　　　　　4　思わずに

2 夏休みは帰国できないので、その（　　　）、両親を東京に呼ぶことにした。

1　とおりに　　　2　かわりに　　　3　ように　　　4　とたん

3 兄は両親に（　　　）大学を決めてしまった。

1　相談はもちろん　　　　　　　2　相談するより

3　相談するほど　　　　　　　　4　相談せずに

4 弟は本当に疲れたらしく、服を（　　　）ベッドで寝てしまった。

1　着るかわりに　　　2　着たまま　　　3　着るほど　　　4　着るように

5 この商品は手作りなので、注文が増えて対応（　　　）困りますから、あまり宣伝していません。

1　しきれないと　　　2　したとたん　　　3　したまま　　　4　しないほど

6 この大学の図書館は本校の学生（　　　）、一般の方もご利用になれます。

1　はもちろん　　　2　ほど　　　3　のまま　　　4　にたいして

7 この絵は世界的に有名な画家が描いたものだが、子どもが描いた絵（　　　）見える。

1　のように　　　2　のかわりに　　　3　のままに　　　4　ほどに

8 私は中学生になっても泣き虫だったので、よく母に「子ども（　　　）すぐ泣くのはやめなさい」と言われました。

1　のかわりに　　　2　はもちろん　　　3　みたいに　　　4　ほど

$$\boxed{9}$$ ちょうどスキーに行きたいと（　　　）、友だちから誘いの電話がかかってきた。

1 思ったまま　　　　　　　　　**2** 思っていたところに

3 思わずに　　　　　　　　　　**4** 思っているように

問題2 〈文の組み立て〉

次の文の___★___に入る最もよいものを、1・2・3・4から一つえらびなさい。

$$\boxed{1}$$ 明日は、胃の_____ _____ ★ _____来てください。

1 あるので　　　**2** 食べずに　　　**3** 朝食を　　　**4** 検査が

$$\boxed{2}$$ Mのコンサートチケットを買おうとしたが、_____ _____ ★ _____買えなかった。

1 売りきれて　　**2** 10分で　　**3** 発売開始から　　**4** しまって

$$\boxed{3}$$ 大学に入ってから一人暮らしで、_____ _____ ★ _____しなければならないのでけっこう忙しいんです。

1 そうじや　　　**2** 洗濯も　　　**3** もちろん　　　**4** 勉強は

$$\boxed{4}$$ 今日の相手チームは、_____ _____ ★ _____ないから、勝てるかもしれない。

1 ほど　　　　　**2** チーム　　　**3** 強く　　　　　**4** 昨日の

問題3 〈文章の文法〉

次の文章を読んで、文章全体の内容を考えて、$\boxed{1}$ 〜 $\boxed{4}$ の中に入る最もよいものを、1・2・3・4から一つ選びなさい。

今日は、火を $\boxed{1}$ できるとても簡単なデザートをご紹介します。材料は、ヨーグルト（200グラム）、生クリーム（50グラム）、砂糖（20グラム）だけです。

まず、ふきんを敷いたざるにヨーグルトをのせて、その下 $\boxed{2}$ ボウルを置きます。そのまま冷蔵庫に一晩入れておきましょう。ヨーグルトから水分が出て、豆腐の $\boxed{3}$ 固さになります。あとは、生クリームと砂糖を混ぜれば完成です。

フルーツと一緒に食べるの　4　パンに塗って食べてもおいしいです。

1	**1** 使わない	**2** 使わずに	**3** 使うまま	**4** 使うほど
2	**1** に	**2** が	**3** で	**4** を
3	**1** ようだ	**2** ように	**3** ようで	**4** ような
4	**1** について	**2** にかわって	**3** はもちろん	**4** によって

問題4 〈聴解〉

1　この問題では、まず質問を聞いてください。そのあと、問題用紙を見てください。読む時間があります。それから話を聞いて、問題用紙の1から4の中から、最もよいものを一つえらんでください。

1 女子学生に宿題を見せてもらうから
2 男子学生が宿題を見せてあげるから
3 女子学生はいつも成績が悪いから
4 男子学生は成績がよかったから

26

2　この問題では、問題用紙に何も印刷されていません。まず文を聞いてください。それから、その返事を聞いて、1から3の中から、最もよいものを一つえらんでください。

1	**1**　**2**　**3**	**27**
2	**1**　**2**　**3**	**28**
3	**1**　**2**　**3**	**29**
4	**1**　**2**　**3**	**30**

里山について（1）
Satoyama (1)

できること

● 環境問題など、あるテーマについての発表で、問題提起ができ、自分の意見が言える。
Pose a question and express your opinion during a presentation on a subject, such as environmental issues.

🎧31

　私たちは自然の**おかげ**でおいしい空気や水に恵まれ、四季**を通じて**美しい風景を楽しんでいます。皆さんもこのすばらしい自然環境を守りたいと思い**ませんか**。

　自然保護**というと**、自然をそのまま残す**べき**だと考える人もいるかもしれません。しかし、私たちが自然を上手に利用して、**人にとって**いい環境を作ることで、自然もいい状態を保てることもあるのです。

51　自然のおかげで　★★★

どう使う？

「〜おかげ」は、「〜」が原因でいい結果になって、感謝や「よかった」という気持ちを言うときに使う。
Use "〜おかげ" when "〜" produced a good result for which you are grateful or think was a good thing.

PI ＋ おかげ

[なA だな　N だの]

①今年の夏は新しいエアコンのおかげで快適に過ごせた。

②子どもの病気が治ったのは山下先生のおかげです。

③みんなが手伝ってくれたおかげで、引っ越しが早く済んだ。

④気候が温暖なおかげで、この辺りで作られるみかんは甘くておいしいと評判です。

⑤A：お元気ですか。

　B：はい、おかげさまで。

やってみよう！

▶答え　別冊P. 6

１）車で（送っていただいた・送られた）おかげで約束の時間に間に合いました。

２）最近運動しても息が切れなくなったのは、（禁煙する・禁煙した）おかげだと思います。

３）父の会社が倒産したが、奨学金の（おかげで・ために）勉強を続けることができた。

４）JR山手線は現在、強風の（おかげ・ため）、運転を見合わせております。

52　四季を通じて　★

どう使う？

「～を通じて／～を通して」は、その間ずっとと言いたいとき、「一年・四季・一生」などの言葉と一緒に使う。
Use "～を通じて／～を通して" in combination with words such as "一年・四季・一生" to say that something happened throughout that entire time.

[時間の言葉] ＋ ［ を通じて / を通して ］

①京都は１年を通じてたくさんの観光客が訪れる。

②工場内は年間を通じて、気温・湿度が一定に保たれています。

③弟は中学の３年間を通して、無遅刻、無欠席だった。

☞　26　野菜作りを通して

どう使う？

「〜ませんか／〜ないですか／〜ありませんか」は、「私は〜と思いますが、あなたも同じように思うでしょう？」と聞き手に同意を求めるときに使う。おしゃべりでは「〜ない？」の形をよく使う。男性の場合は「〜ないか」になることもある。
Use "〜ませんか／〜ないですか／〜ありませんか" when you ask for the listener's opinion. This expression means, "I think 〜 . You think the same, right?" The "〜ない？" pattern is often used in conversation. Men may also say "〜ないか".

V-ます ＋ ませんか

いA ∗く ┐
なA じゃ ├ ＋ ┌ ないですか
N じゃ ┘   └ ありませんか

①A：最近、自転車通勤する人が増えていませんか。

　B：そうですね。昔は少なかったのに…。

②A：ちょっと寒くないですか。

　B：そうですね。窓、閉めましょうか。

③A：この上着、だれのですか。

　B：佐藤さんのじゃありませんか。佐藤さん、さっきそこに座ってましたから。

④A：ねえ、いいにおいがしない？

　B：うん、する。あ、あそこにパン屋さんがあるよ。

⑤A：あの人、営業の本田さんじゃない？

　B：え!? あ、ほんとだ！

⑥A：ねえ、この時計、かわいくない？

　B：うん。でも、ちょっと高くないか？

やってみよう！

▶答え　別冊P. 6

1 ）このホームページ、イラストを入れたら、見やすくなりませんか。

　　a　イラストを入れたほうがいいと思っている。

　　b　イラストを入れないほうがいいと思っている。

2 ）A：毎日残業で、仕事つらくないですか。

B：いえ、好きな仕事ですから、ぜんぜん…。

a　AさんはBさんの仕事が大変だろうと思っている。

b　AさんはBさんの仕事が楽しいだろうと思っている。

3）A：部長の許可をもらわないで契約を進めて、問題ありませんか。

B：大丈夫だよ。Aさんは心配しすぎだよ。

a　Aさんは契約を進めたら、トラブルになると思っている。

b　Aさんは契約を進めれば、順調に進むと思っている。

4）ウェディングドレスはレンタルもあるし、買わなくてもよくない？

a　ドレスを借りたほうがいいと思っている。

b　ドレスを買ったほうがいいと思っている。

5）大学生にこの問題は簡単すぎじゃない？

a　大学生にはこの問題は簡単じゃないと思っている。

b　大学生にはこの問題は簡単だと思っている。

54　自然保護というと　★★

どう使う？

「〜というと／〜といえば／〜といったら」は、その言葉から多くの人がイメージする物事を言うときに使う。有名なものや代表的なものを言うことが多い。
Use "〜というと／〜といえば／〜といったら" when you say something that people often associate with "〜". The example given is often something famous or typical.

Ⓝ ＋ ┌ というと
　　　├ といえば
　　　└ といったら

①日本の花というと、桜がすぐ頭に浮かぶ。
②外国人に人気のある観光地といえば、やはり京都でしょうか。
③ファストフードといえば、何といってもハンバーガーだろう。
④冬のスポーツといったら、やっぱりスキーだよね。

１）日本の山といえば（　　　　　　　　　　）だ。

２）私の国の有名なものというとまず（　　　　　　　　　　）を思い出す。

３）世界中（せ かいじゅう）で人気（にん き）があるスポーツといったら、何（なん）といっても（　　　　　　　　　　）でしょう。

55　そのまま残（のこ）すべきだ　★★

どう使う？

「〜べき」は、一般的（いっぱんてき）に、〜するのが当然（とうぜん）だ、〜するのが正しいと言うときに使う。〜しないのが当然（とうぜん）だと言うときは「〜するべきではない」と言う。「〜するべきではない」を相手（あい て）の行為（こう い）について使うと「そんなことをしてはいけない」という強い意味になるので注意。

Use "〜べき" when you say that doing "〜" is generally the natural thing or correct thing to do. When not doing "〜" is the natural thing to do, then say "〜するべきではない". Be careful, as saying "〜するべきではない" about another person's conduct has a strong meaning that says, "You mustn't do such a thing."

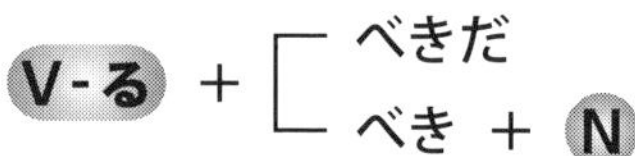

＊「するべき」は「すべき」も使われる。

①人にお金を借りたらすぐに返すべきだ。

②上司（じょう し）に相談（そうだん）するべきかどうか悩（なや）むことがある。

③慣（な）れない人は雪道（ゆきみち）で車の運転をするべきではないと思う。

④特（とく）に問題がなくても仕事の経過（けい か）は上司（じょう し）に報告（ほうこく）すべきですよ。

⑤やるべきことはすべてやったんだから、自信（じ しん）を持って試合にのぞめばいいよ。

「〜べきだった」は「〜したほうがいいのにしなかったことを後悔（こうかい）している」と言いたいときに使う。　★★

Use "〜べきだった" when you want to say, "I regret that I didn't do 〜 even though I should have."

①もっと早く試験の準備（じゅん び）をしておくべきだったなあ。

②面接（めんせつ）試験の前に思ったことは、社会の様子（よう す）を知るために毎日、新聞を読んでおくべきだったということでした。

1）正しいと思ったことは、遠慮しないではっきり言うべきですよ。

 a 自分の意見をきちんと言ったほうがいいと思っている。

 b 私はいつも正しい意見を言おうと思っている。

2）カメラの電池が切れてしまった。朝、充電しておくべきだったなあ。
 a 充電しなかったので、後悔している。
 b 充電しておくのは、当然のことだ。

3）守れない約束はするべきではないと思う。
 a 約束を守れなかったから後悔している。
 b 守れないなら約束しないほうがいいと思う。

56　人にとっていい環境　★★★

どう使う？

「～にとって…」は、「～」の立場から見てどうであるかを言うときに使う。「…」には「難しい・大切だ」などの評価を表す言葉が続く。
Use "～にとって…" when you say how something is seen or perceived from the point of view of "～". This is followed by "…", using words that assess such as "難しい・大切だ".

N ＋ にとって（は／も）

①今回の旅行は私にとって忘れられない思い出になるだろう。
②農家にとって天候不順は深刻な問題だ。
③だれにとってもいちばん大切なものは健康だと思います。
④ネットショッピングは、消費者にとっても、企業にとっても便利なシステムだ。
⑤都会は、いろいろなものがあって、若者にとっては楽しいところだろう。

やってみよう！ ▶答え　別冊P. 6

1）女の人（にとって・に対して）年齢を聞かれるのはいやなものらしい。

51
〜
61

２）エネルギー問題は人類（にとって・について）大きな課題だ。

３）市役所建設計画（にとって・に対する）皆様からのご意見をお待ちしております。

４）駅前の自転車放置問題（にとって・について）警察はどう考えているのだろうか。

「賛成・反対」「好き・嫌い」など、ある対象に対する態度を表す言葉は使えない。
You can not use words that express your attitude about a certain thing such as
"賛成・反対" or "好き・嫌い".

A：新しい空港の建設についてどう思いますか。

B：私は反対です。この地域の住民にとって、メリットは少ないですから。

やってみよう！

▶答え　別冊P. 6

１）私（は・にとって）このまんががいちばん好きだ。

２）この人形は古くて汚れているが、私（は・にとっては）大切なものだ。

Check

▶答え　別冊P. 6

１）医学の進歩の　＿＿＿＿＿＿＿＿＿　平均寿命が延びた。

２）夏の食べ物　＿＿＿＿＿＿＿＿＿　うなぎという人が多いだろう。

３）悪いことをしたら正直に謝る　＿＿＿＿＿＿＿＿＿。

４）大型ショッピングセンターの建設は、町の人々　＿＿＿＿＿＿＿＿＿

いいことばかりではない。

５）有給休暇を取らない人が多いそうですね。日本人はまじめすぎる

＿＿＿＿＿＿＿＿＿。

おかげで　　にとって　　んじゃないですか　　べきです　　といえば

里山について（2）
Satoyama (2)

できること

●環境など、あるテーマについて具体例から結論まで話し、全体としてまとまった発表ができる。

Give a full presentation on a subject, such as environmental issues, that includes specific examples and a conclusion.

皆さんは日本の「里山」というのを知っていますか。日本人は家の近くの山や森を里山と呼んで、利用してきました。例えば人が里山の木を切ると森の中に太陽の光が十分に届くようになります。それで森が元気になって、残った木が大きく育ちます。木が育て**ば**育つ**ほど**、木の根が大きく広がって、大雨**による**山崩れなどの自然災害も減ります。人と自然が共存する里山はすばらしいと思いませんか。

里山は田舎**ばかりでなく**東京に**も**あります。私は里山へ行く**たびに**、人と自然の関係を考えます。皆さんも行けばきっとそのすばらしさがわかる**はず**です。そして環境について考えるきっかけになると思います。

51
〜
61

57　木が育てば育つほど　★★

どう使う？

「〜ば〜ほど」は、1つのことがらの程度にあわせて別のことがらも変わると言うときに使う。
Use "〜ば〜ほど" when you say that the more one thing is done, the more something else will change accordingly.

V-ば ＋ V-る
いA ~ければ ＋ いA ┐
なA なら ＋ なA な ┘ ＋ ほど

*「 N ／ なA ＋ であればあるほど」の形も使われる。

①言葉を勉強すればするほどその国への理解も深まると言われている。
②旅行の荷物は少なければ少ないほど楽なのに、つい持ち物が増えてしまう。
③A：いつまでにお返事すればいいですか。

　B：早ければ早いほどいいですよ。このアパートは条件がいいですからねえ。
④まじめな政治家であればあるほど、理想と現実の違いに悩むことになる。

やってみよう！

▶答え　別冊P. 6

1）母親に勉強しろと言われれば言われるほど・

2）今日は疲れたし体を休めなければと思えば・
　思うほど

3）彼は数学の問題は難しければ難しいほど　・

4）警察がひまならひまなほど　　　　　　　・

・a 世の中は平和だということ
　　だ。

・b おもしろいと言う。

・c 寝られなくなる。

・d やりたくなくなる。

☞ 7　立っているのもつらい**ほど**
　　44　もも肉**ほど**あぶらが多く**ない**
　　111　これ**ほど**つらい風邪はひいたこと**ないよ**

58　大雨による山崩れ　★★

どう使う？

「～による／～によって」は、それが原因・理由で何かが起こると言うときに使う。
Use "～による／～によって" when you say that "～" is the cause or reason for something that happens.

N ＋ ┌ による ＋ N
　　 └ によって

①午前３時ごろ地震が発生しましたが、この地震による津波の
　心配はありません。

94

②今回の大事故はスピードの出しすぎによるものだそうだ。

③あの会社は新商品のヒットによって、一気に知名度が上がった。

④海外生活を経験したことによって、視野が広がった。

やってみよう！

▶答え　別冊P. 6

1）営業時間を延長したことによって　　　・　　　・a 病気になる人がいるらしい。

2）この工場は大雨による洪水の被害で、　・　　　・b 新しいチーム作りが必要になっ
　　　　　　　　　　　　　　　　　　　　　　　　　　　た。

3）無理なダイエットによって　　　　　　・　　　・c 店の売り上げが大幅に伸びた。

4）大川選手の引退によって　　　　　　　・　　　・d ほとんどの機械が使えなくなっ
　　　　　　　　　　　　　　　　　　　　　　　　　　　た。

☞　21　インターネット**による**お申し込み
　　　83　人**によって**その楽しみ方はそれぞれだ

59　田舎ばかりでなく東京にも　★★★

どう使う？

「AばかりでなくB（も）」は、「AだけでなくB（も）」という意味で使う。
" Aばかりでなく B（も）" is used to mean "not just A, but also B".

PI　＋　ばかりでなく～も

［**なA**だな　**N**だ］

①落語は最近、お年寄りばかりでなく若い女性にも人気が出てきた。

②あの会社の就職試験では一般常識や専門についての筆記試験ばかりでなく、グループ
　ディスカッションも行われるそうだ。

③野菜が値上がりしたのは、夏に気温が低かったばかりでなく、台風の被害もあったから
　らしい。

④当社の社員食堂は安くておいしいばかりでなく、栄養のバランスもいいので評判になっ
　ています。

⑤スポーツ選手は運動するばかりでなく、十分な休養をとることも大切だ。

▶答え　別冊P.6

１）少子化は日本ばかりでなく、　　　　　　・　　　・a 設備も古いので、十分な治療ができない。

２）商品開発には技術ばかりでなく、　　　・　　　・b 多くの国で問題になっている。

３）この病院は医者が足りないばかりでな・　　　・c コースの幅も狭いので初心者には危険だ。
く、

４）このスキー場は斜面が急なばかりでな・　　　・d 他社にはないアイディアが要求される。
く、

✚ Plus

〜ばかりか ★★ 

「〜ばかりか」の言い方もある。

①今日は電車で足を踏まれたばかりか、かばんに入れておいたサンドイッチもつぶされてしまった。

②おじは学費ばかりか生活費まで全部出して、日本へ留学させてくれた。

 41　遊んで**ばかり**だった
69　卒業し**たばかり**なんだから

60　里山へ行くたびに ★★★

どう使う？

「〜たび（に）」は、くり返し行われることについて、それをするときはいつも、と言うときに使う。
Use "〜たび（に）" when you say that a certain thing happens every time a certain action is taken.

$$\left.\begin{array}{l}\text{V-る}\\\text{N の}\end{array}\right\} + たび（に）$$

①父は出張のたびにお土産を買ってきてくれる。
②知り合いの子は会うたびに大きくなっていて、びっくりする。

③山に登るたびにもうやめたいと思うのに、頂上に着くたびにまた登りたいと思う。

④体重計に乗るたびにやせようと思うのだが…。

やってみよう！

1）コンビニで新しいお菓子を見る（とき・たびに）、つい買ってしまう。

2）来週京都に出張する（とき・たびに）、この書類を持っていってください。

3）ふるさとは帰る（とき・たびに）高い建物が増えていて、知らない町のようだ。

61　すばらしさがわかるはずです　★★

どう使う？

「～はず」は、確かな理由があるから、間違いなく～だと言いたいときに使う。
Use "～はず" when you want to say that there is a good reason behind something, and it must be "～".

PI ＋ はず
[**なA** だな　**N** だの]

①A：山田君、A社に資料送ってくれた？

　B：はい、昨日速達で出しましたから、遅くても明日には着くはずです。

②A：来週接待を頼まれちゃって…。トルコからのお客様なんだけど。

　B：じゃ、田中さんに手伝ってもらったらどう？　トルコに留学していたからいろいろ知っているはずだよ。

③となりのうちから変な音がするよ。今だれもいないはずなのに…。

やってみよう！

1）会議の資料は、　　　　　　　　　　　　・　　　・a　犯人は2人のはずだ。

2）昨日キムさんに地図を渡しておきま・　　　・b　昨日田中さんが作っていましたか
　　したから、　　　　　　　　　　　　　　　　　　ら、もうできてるはずですよ。

3）あのホテル、改装工事をしてたか・　　　　・c　きっときれいになっているはずだ
　　ら、　　　　　　　　　　　　　　　　　　　　　よ。

4）現場の足跡を見ると、　　　　　　　・　　　・d　道はわかるはずですよ。

Check 📖

1）地震のあと国内 ＿＿＿＿＿＿＿＿ 海外からもたくさんのメッセージが届け
　　られた。

2）彼女は会う ＿＿＿＿＿＿＿＿ 違う髪型をしている。

3）水不足 ＿＿＿＿＿＿＿＿ 農作物にかなりの被害が出ているそうだ。

4）問題が難しくて考えれば考える ＿＿＿＿＿＿＿＿ わからなくなってしまっ
　　た。

5）A：佐藤さん、今日会議があること、知っているのかな。

　　B：メールの返事が来ていますから、来る ＿＿＿＿＿＿＿＿ ですよ。

たびに　　はず　　ほど　　によって　　ばかりでなく

▶答え　別冊P.16

問題1　〈文法形式の判断〉

次の文の（　　　）に入れるのに最もよいものを、1・2・3・4から一つえらびなさい。

__1__　このイベントが成功したのはスタッフ全員が力を合わせてがんばってくれた（　　　）です。

1　おかげ　　　　**2**　ほど　　　　**3**　はず　　　　**4**　べき

__2__　うちの猫は、私がドアを開ける（　　　）外へ出ようとするので困ります。

1　かわりに　　　**2**　ばかりか　　　**3**　たびに　　　**4**　ままで

__3__　今回の転勤は私（　　　）大きなチャンスだと思っています。

1　にたいして　　**2**　にとって　　　**3**　ばかりか　　**4**　によって

__4__　子どもは元気であれば（　　　）けがをしやすいですから、お母さんがよく気をつけてあげてください。

1　あるほど　　　**2**　あるばかり　　**3**　あるはず　　**4**　あるなら

__5__　現在、大雪（　　　）積雪の影響で電車のダイヤが大幅に乱れております。

1　を通しての　　**2**　による　　　　**3**　ばかりか　　**4**　にとっての

__6__　先輩に勉強を教えてもらった（　　　）食事もごちそうになってしまった。

1　ばかりでなく　　　　　　　　**2**　おかげでなく

3　ほどでなく　　　　　　　　　**4**　はずがなく

__7__　昨日クリーニングに出したセーター、今日の夕方できる（　　　）だから、帰りに取ってきて。

1　はず　　　　**2**　べき　　　　**3**　ほど　　　　**4**　ため

__8__　クラシック音楽（　　　）やっぱりモーツァルトですね。

1　にとって　　**2**　にたいして　　**3**　といえば　　**4**　という

次の文の＿★＿に入る最もよいものを、1・2・3・4から一つえらびなさい。

1　学生時代を＿＿＿＿　＿＿＿＿　★　＿＿＿＿第2の故郷です。

　　1　過ごした　　　　**2**　私　　　　　　**3**　この町は　　　　**4**　にとって

2　この本を読むと、日本の＿＿＿＿　＿＿＿＿　★　＿＿＿＿よくわかる。

　　1　考え方も　　　　**2**　文化　　　　　**3**　日本人の　　　　**4**　ばかりでなく

3　あのレストラン、行く＿＿＿＿　＿＿＿＿　★　＿＿＿＿から、いつも楽しみにしているんだ。

　　1　新しい　　　　　**2**　増えている　　**3**　メニューが　　　**4**　たびに

4　地震はいつ起きるかわからないので、＿＿＿＿　＿＿＿＿　★　＿＿＿＿です。

　　1　べき　　　　　　**2**　しておく　　　**3**　準備　　　　　　**4**　ふだんから

次の文章を読んで、文章全体の内容を考えて、　1　～　4　の中に入る最もよいものを、1・2・3・4から一つ選びなさい。

> 　皆さんは男性の育児参加についてどう思いますか。
> 　育児に参加したくても会社の評価が心配で育児休暇が取れない人がまだ多いようですが、子育ては家族　1　でなく、社会全体の問題として考える　2　です。
> 　私は娘が生まれたときに、理解ある上司の　3　3か月間の育児休暇を取ることができました。子どもの世話をしながら父親であることを実感し、仕事をする意味も改めて感じられるようになりました。子育ての経験は仕事にも生かせる　4　だと私は信じています。

1　**1**　ばかり　　　　**2**　おかげ　　　　**3**　たびに　　　　**4**　もちろん

2　**1**　まま　　　　　**2**　べき　　　　　**3**　はず　　　　　**4**　ほど

| 3 | **1** とおり | **2** かわりに | **3** ために | **4** おかげで |

| 4 | **1** まま | **2** べき | **3** はず | **4** ため |

この問題では、問題用紙に何も印刷されていません。まず文を聞いてください。それから、その返事を聞いて、1から3の中から、最もよいものを一つえらんでください。

| 1 | **1** **2** **3** | 🎧 33 |

| 2 | **1** **2** **3** | 🎧 34 |

| 3 | **1** **2** **3** | 🎧 35 |

| 4 | **1** **2** **3** | 🎧 36 |

| 5 | **1** **2** **3** | 🎧 37 |

| 6 | **1** **2** **3** | 🎧 38 |

不動産屋で（1）
At a real estate agency (1)

●店員が説明するていねいな表現を理解し、受け答えができる。
Understand an explanation given by a clerk using polite expressions and respond.

(39)

不動産屋：そうですねえ。そのご予算**ですと**、この2つぐらいでしょうかね。お時間がある**ようなら**、今からご案内しますが…。

佐藤：2つだけですか。

不動産屋：この辺りは最近人気が出**てきた**んですよ。借りたい人が増えている**ものですから**、家賃も値上がりしているんです。

佐藤：そうなんですか。

不動産屋：こちら**なんか**いかがですか。ワンルームでちょっと狭いんですけど、駅に近くて便利**かと思います**が…。家賃は80,000円。もう1つは駅から歩いて15分かかりますが、1DK（ワンディーケー）で新しくて広いのでおすすめです。家賃は68,000円ですね。

佐藤：そうですか。

62　そのご予算ですと　★★

「～ますと／～ですと」は、店などで条件をていねいに述べるときに使われる。
"～ますと／～ですと" is used at a shop or elsewhere when conditions are stated in a polite manner.

[Po] ＋ と

[現在形だけ　Present form only]

①今月中にご入会されますと、1か月分の会費が無料になります。

②午後5時前にご来店いただきますと、ドリンクを1杯サービスいたします。

③継続手続きをされませんと、再度入会金が必要になりますので、ご注意ください。

④A：テニスコートを使いたいんですが、空いてますか。

　B：今週ですと、水曜の午後なら空いています。

やってみよう！

▶答え　別冊P. 7

1）ここをまっすぐ行かれますと、・　　　　・a 50％のキャンセル料金をいただくこと
　　　　　　　　　　　　　　　　　　　　　になります。

2）航空便ですと、　　　　　　　　・　　　・b 全商品、いつでも5％お安くなります。

3）お支払いに当店のカードを利用・　　　・c 右手に受付がございます。
　　されますと、

4）前日のキャンセルですと、　　　・　　　・d 1週間くらいで届きます。

63　お時間があるようなら　★★

どう使う？

「～ようなら／～ようだったら」は、今の状況や様子を観察して言うときに使われる。「歩けなかったら」と言わないで「歩けないようだったら」と言うと、ていねいな印象になる。ていねい形の「～ようでしたら」が使われることもある。

"～ようなら／～ようだったら" is used when you will monitor the current situation or condition. Saying "歩けないようだったら" instead of "歩けなかったら" gives the impression of being polite. You can also use the polite form, "～ようでしたら".

[PI] ＋ ┌ ようなら
　　　　└ ようだったら

[なA だな　N だの]

①A：すみません。仕事がまだ終わらなくて、ちょっと遅くなりそうなんです。

　B：そうですか。じゃあ、6時過ぎるようなら先に行ってますね。

②熱が下がらないようだったら病院に行ったほうがいいですよ。

③その仕事、今日終わらせるのが無理なようなら、明日でもかまいませんよ。

④子どもさんが音楽に興味がないようだったら、無理にピアノを習わせる必要はないと
　思います。

⑤特にご意見がないようでしたら、今日の会議はこれで終了いたします。

やってみよう！

▶答え　別冊P.7

1）となりの部屋の騒音が気になるよう・
　なら、

2）これ以上迷惑メールが続くようだっ・
　たら、

3）手荷物が荷物入れに入らないようで・
　したら、

4）使ってみて具合が悪いようでしたら、・

・a 大家さんに相談したほうがいいで
　すよ。

・b 客室乗務員にお知らせください。

・c アドレス変えたら？

・d また修理にうかがいます。

64 人気が出てきたんです　★

どう使う？

「～てくる」は、今までなかったものが現れたり、何かが始まったりしたときに使う。
Use "～てくる" when something that was not present until now appears or when
something begins.

V-て ＋ くる

③

①朝から降っていた雨がやんで、ちょっと晴れてきた。

②料理番組を見ていたら、おなかがすいてきた。

③まあ、赤ちゃん、歯が生えてきましたね。かわいいですね。

④『だれでもやる気が出てくる数学』という参考書を買った。

☞ 8　どんどん登っていく

どう使う？

「～もので／～ものですから」は、自分側の理由があって、今の状況なのだとていねいに説明するときに使われる。友だちとの会話では「～もんで／～もんだから」が使われる。

Use "～もので／～ものですから" when giving a polite explanation to provide your reason for the current situation. You can use "～もんで／～もんだから" in conversation with a friend.

PI ＋
- もので
- ものですから

[なA だな　N だな]

①慣れないものですから、ご迷惑をおかけするかもしれませんが、どうぞよろしくお願いします。

②余計な一言を言ってしまったものだから、取引先の部長を怒らせてしまった。

③出張中だったもので、先日の会議に出席できなくて、申し訳ございませんでした。

④A：この間のメール、変換ミスがいっぱいあったよ。

　B：ごめん。急いでたもんだから…。

⑤A：遅かったね。

　B：ごめん。途中で事故があったもんで…。

やってみよう！

▶答え　別冊P.7

1）A：プレゼン、内容はよかったんだけど、もう少し大きい声で話したほうがよかったんじゃないかな。

　　B：わかってるんだけど、（　　　　）。

2）A：仕事、やっと終わったね。もう8時だし、晩ご飯食べていかない？

　　B：ごめん、今日はこれで帰るよ。（　　　　）。

3）A：京都はいかがでしたか。

　　B：あまりゆっくりできなかったんですよ。（　　　　）。

> a　明日出張で、朝が早いもんで…
>
> b　時間がなかったものですから…
>
> c　英語は自信がないもんだから…

66　こちらなんかいかがですか ★

どう使う？

「〜なんか」は、「〜など」のかわりに使う。ほかのものでもいいような言い方で相手に判断を任せる形にして、柔らかく言うときに使う。「〜なんて」の形も使う。

Use "〜なんか" in place of "〜など". Use it when you want to gently suggest another option to the listener, while leaving the decision up to him or her. You can also use the "〜なんて" pattern.

Ⓝ ＋ なんか

①こちらのセーターなんかいかがでしょう。この色は今年の流行色ですよ。

②A：運動したいと思うんですけど、なかなか…。

　B：だれにでも簡単にできて、楽しめるスポーツもありますよ。ボウリングなんかいい

　　んじゃないですか。

③スープにするなら、この肉なんかいいと思いますよ。

④温泉旅行のプレゼントなんてお年寄りにとても喜ばれますよ。

☞ 90　演劇なんかしても
100　寝てなんかいられない

67　便利かと思いますが ★

どう使う？

「〜かと思う」は、自分の考えを遠慮して言うときに使う。接客やビジネスの場面でよく使われる。

Use "〜かと思う" when you express your opinion with modesty. This expression is often used in a customer service or business setting.

ＰＩ ＋ かと思う

［なＡだ　Ｎだ］

①今週はちょっと難しいですが、来週なら時間が取れるかと

　思います。

②こちらのほうがお似合いかと思いますよ。

③A：報告書、もうできていますか。

　B：すみません。明日までにはできるかと思うんですが…。

④こちらのプランで問題はないかと思いますが、いかがでしょうか。

▶答え　別冊P. 7

1）アンケートにお答えいただきます　__________、抽選で豪華な賞品が当

　　たります。

2）Ａ：ごちそうさまでした。

　　Ｂ：食後にコーヒー　__________　いかがですか。

3）忙しかった　__________　お返事が遅れて申し訳ありません。

4）料理が全部食べきれない　__________　残りは持って帰ってください。

と　　なんか　　ものですから　　ようなら

不動産屋で（2）
At a real estate agency (2)

● 友だちと、最近の変化について話したり、強くアドバイスをしたりすることができる。
Talk about recent changes with a friend and emphatically give advice.

40

佐藤：ねえ、この部屋、便利でいいみたい。ちょっと高いけど…。

中山：そう？　ちょっとぐらい遠くても、住んでる**うちに**慣れるよ。大学卒業**したばかり**なんだから、家賃、安いほうがいいんじゃない？

佐藤：でもやっぱり駅から近いほうがいいよ。ここにしようかな。

中山：そんなに簡単に決めないで、もう１つの部屋も見れ**ばいいのに**。

佐藤：そうね。すいません、この２つの部屋、見せ**てもらってもいいですか**。

不動産屋：ええ、もちろんです。では、今からご案内します。どうぞ。

68　住んでいる**うちに**慣れる　★★

「〜うちに」は、「説明を聞いているうちにだんだんわかってきた」のように、何かをしている間に自然に変わると言うときに使う。また、「説明を聞いているうちに寝てしまった」のように、その前になかったことが起きると言うときにも使う。
Use "〜うちに" when you say that a change came naturally while something else was happening, as in "説明を聞いているうちにだんだんわかってきた". You can also use it to say that an action began while another one was happening, as in "説明を聞いているうちに寝てしまった".

V-る
V-て いる ┐ ＋ うちに

＊「 **V-ない** ＋ うちに」の形も使われる。

①今はまだ上手じゃなくても練習を重ねるうちにできるようになるよ。
②何度も会っているうちに、相手のことがよくわかるようになった。
③留守にしているうちに、庭に雑草が生えてしまった。
④調査を進めるうちにその企業の問題点が明らかになった。

やってみよう！

▶答え　別冊P. 7

１）最初は変な歌だと思ったが、聞いてい・　　　　・a　私もそこへ行きたくなった。
　　るうちに、

２）友だちの旅行の写真を見ながら、話を・　　　　・b　何を決めるために話していたの
　　聞いているうちに、　　　　　　　　　　　　　　かわからなくなってしまった。

３）話し合いを続けるうちに、　　　　　　・　　　　・c　寝てしまった。

４）疲れていたので、本を読んでいるうちに、・　　　・d　この歌が好きになった。

☞ 81　花が残っている**うちに**

69　卒業したばかりなんだから　★★★

どう使う？

「〜たばかり」は、何かをしてからほとんど時間がたっていないときに使う。「半年前に家を建てたばかり」のように、話し手が時間がたっていないと感じる場合にも使える。
Use "〜たばかり" when almost no time has passed since something happened. You can also use it if the speaker feels that no time has passed, as in "半年前に家を建てたばかり".

V-た ＋ ばかり

①父は昨日退院したばかりなのに、今日から会社に出ている。

②日本に来たばかりのころは、電車にも乗れませんでした。

③A：もうタイ語、読めるようになった？

　B：ううん。まだ習い始めたばかりだから…。

④引っ越してきたばかりで、近所に住んでいる人がまだよくわからない。

⑤あれ、あの人の名前何だっけ？　さっき聞いたばかりなのに…。

▶答え　別冊P. 7

やってみよう！

1）A：旅行に行きたいなあ。

　　B：（　　　　）

2）A：ケーキ、いかがですか。

　　B：（　　　　）

3）A：電球、また切れちゃった。

　　B：（　　　　）

4）A：あー、疲れた。

　　B：（　　　　）

> a　さっき休憩したばかりでしょ。
>
> b　さっきご飯を食べたばかりなので…。
>
> c　先月沖縄に行ったばかりじゃない。
>
> d　え？　替えたばかりなのに？

☞　41　遊んで**ばかり**だった
　　59　田舎**ばかりでなく**東京に**も**

70　見ればいいのに　★★★

どう使う？

「～ばいいのに」は、話し手がそうなってほしいと思っていることと違う今の状況を残念に思う気持ちを表す。相手の行動に対してややは批判的に、強く促すときに使うこともある。

"～ばいいのに" means a feeling of disappointment over the current situation, which is different from what the speaker had wanted it to be. You can also use it to strongly encourage someone to do something while displaying mild criticism toward his or her current behavior.

V-ば		
い A ～ければ		
な A なら	＋ いいのに	
N なら		

V-ない ければ		
い A ～くなければ		
な A じゃなければ	＋ いいのに	
N じゃなければ		

①このバイト、時給がもう少し高ければいいのになあ。
②このかばん、高すぎるよ。半額ならいいのになあ。
③もう帰るの？　もっとゆっくりしていけばいいのに。
④またコンビニ弁当？　たまには自分で作ればいいのに…。

やってみよう！

▶答え　別冊P.7

1）余計なことを言わなければいいのに。　　・　　・a 暗いところで本読むと目が悪
　　　　　　　　　　　　　　　　　　　　　　　　　くなるよ。

2）電気つければいいのに。　　　　　　　　・　　・b 今からじゃ間に合わないよ。

3）前もってちゃんと準備しておけばいいの・　　・c 言うからけんかになるんだよ。
　に。

4）たばこ吸わなければいいのに。　　　　　・　　・d せきがもっとひどくなるよ。

71　見せてもらってもいいですか　　★★

どう使う？

「〜てもらってもいいですか」は、相手に申し訳ないという気持ちを持って「〜てください」と言いたいときに使われる。親しくない人には、「〜ていただきたいんですが…。」と言ったほうがよい。

"〜てもらってもいいですか" is used when the speaker wants to say "〜てください" but feels apologetic about asking it. You should say "〜ていただきたいんですが…。" to people with whom you are not familiar.

V-て ＋ もらってもいいですか

①ファイルで送りますから、アドレス教えてもらってもいいですか。
②A：木村君、明日までにこのデータをまとめてもらってもいいかな。

　B：はい、わかりました。

③悪いけど、ちょっとこの机運ぶの、手伝ってもらっ

　てもいい？

④すみませんが、もう一度説明していただいてもい

　いですか。

③

やってみよう！

▶答え　別冊P. 7

1）わあ、おいしそう。（食べても・食べてもらっても）いい？

2）これ、日本語に訳してみたんだけど、（見ても・見てもらっても）いいかな？

3）届かないんだけど、あの棚の上の箱、（取っても・取ってもらっても）いい？

4）ねえ、お姉ちゃん。今度、友だちの結婚式があるんだけど、お姉ちゃんの服

　（借りても・借りてもらっても）いい？

Check

▶答え　別冊P. 8

1）ごめん。ちょっと切符買ってくるから、この荷物

　（持っててもらってもいい・持てばいいのに）？

2）そんなに調子が悪いなら、今日は仕事を

　（休んだばかりなのに・休めばいいのに）。

3）初めは慣れない仕事でも、（やっているうちに・やったばかりなのに）だん

　だん慣れますよ。

▶答え　別冊P.17

問題1　〈文法形式の判断〉

次の文の（　　　）に入れるのに最もよいものを、1・2・3・4から一つえらびなさい。

1　A：え？　まだ10時なのに、もうお弁当食べてるの？
　　B：うん。朝ご飯食べなかった（　　　）、おなかすいちゃったんだよ。

　1　そうだから　　**2**　もんだから　　**3**　ようで　　　　**4**　かわりに

2　A：ご注文は以上ですね。
　　B：はい。足りない（　　　）、またあとで注文します。

　1　ようなら　　　**2**　ばかりか　　　**3**　おかげで　　　**4**　かわりに

3　体調が悪かった（　　　）、休ませていただきました。

　1　ばかりなのに　　　　　　　　**2**　ものなのに

　3　ばかりですから　　　　　　　**4**　ものですから

4　A：あーあ、明日からまた仕事かあ。
　　B：ほんと、もう1日休み（　　　）ね。

　1　ならいいのに　　　　　　　　**2**　みたいだ

　3　じゃなさそうだ　　　　　　　**4**　のようだ

5　しばらく会わない（　　　）髪が伸びましたね。

　1　うちに　　　**2**　ようなら　　　**3**　たびに　　　**4**　というと

6　A：今度発売されるパソコンって、すごいらしいよ。
　　B：えー!?　この間買い替えた（　　　）なのに。もうちょっと待てばよかった。

　1　おかげ　　　**2**　ため　　　**3**　ばかり　　　**4**　まま

$\boxed{7}$　12月に（　　　　）、チケットが取れない場合がありますので、お早めにお申し込みください。

1　なったばかりで	**2**　なりますと
3　なればいいのに	**4**　なるかわりに

問題2　〈文の組み立て〉

次の文の＿★＿に入る最もよいものを、1・2・3・4から一つえらびなさい。

$\boxed{1}$　こちらの着物は、＿＿＿＿　＿＿＿＿　＿★＿　＿＿＿＿、お写真とセットですと、3万円でたいへんお得です。

1　ですと　　　　**2**　ですが　　　　**3**　2万7千円　　　　**4**　レンタルだけ

$\boxed{2}$　A：わー、大変だー！　遅刻するー！

　　B：＿＿＿＿　＿＿＿＿　＿★＿　＿＿＿＿いいのに…。

1　10分　　　　**2**　早く　　　　**3**　あと　　　　**4**　起きれば

$\boxed{3}$　A：明日の送別会、出席できる？

　　B：たぶん行けると思う＿＿＿＿　＿＿＿＿　＿★＿　＿＿＿＿よ。

1　けど　　　　**2**　ようなら　　　　**3**　連絡する　　　　**4**　遅れる

問題3　〈文章の文法〉

次の文章を読んで、文章全体の内容を考えて、$\boxed{1}$ ～ $\boxed{4}$ の中に入る最もよいものを、1・2・3・4から一つ選びなさい。

ラジオ悩み相談
今日の相談者は26歳、会社員の方です。

よく上司に飲みに誘われます。独身だから誘いやすいのかもしれませんが、趣味でやっているバンドの公演が近づいていて、練習したいのに、時間を取られて困っています。
同僚ははっきり $\boxed{1}$ と言いますが、人事評価に影響するかと思うとなかなかできません。家族にも「おととい飲んだ $\boxed{2}$ なのにまた？」などとあきれられています。

飲みに行くのがコミュニケーションのために大切なのはわかっていますが、プライベートも大切にしたいんです。上司に私の気持ちを　3　のですが、どうしたらいいか困っています。

…というご相談ですが、正直にバンドの練習をしたいと伝えてみたらいかがですか。それでも理解してもらえない　4　、はっきり断るしかありませんが、まずは理解してもらえるように自分の気持ちを伝える努力をすることが大切だと思います。

1　1　断ればいいのに　　　　　　2　断れそうもない
　　3　断るはずだ　　　　　　　　4　断るらしい

2　1　ほど　　　　2　くらい　　　　3　だけ　　　　4　ばかり

3　1　わかるような　　　　　　　　2　わかるものですから
　　3　わかってほしい　　　　　　　4　わかってやる

4　1　ようなら　　　　　　　　　　2　ものですから
　　3　といったら　　　　　　　　　4　ように

問題4　〈聴解〉

この問題では、問題用紙に何も印刷されていません。まず文を聞いてください。それから、その返事を聞いて、1から3の中から、最もよいものを一つえらんでください。

1　1　2　3　　　　　　　　41

2　1　2　3　　　　　　　　42

3　1　2　3　　　　　　　　43

就職の面接
A job interview

できること

● 初対面の人に敬意を示す基本的な表現を使って、あいさつや受け答えができる。

Use basic expressions that display humbleness to a person you have met for the first time in order to greet and respond to questions.

🎧44

リー：初めまして。中田先生から**ご紹介いただきました**リーと申します。本日は面接のチャンスをいただき、ありがとうございます。

山下：お待ちし**てました**。どうぞ。

リー：こちらのデザイン事務所は来日前から**存じ上げて**おり、ずっとあこがれておりました。本日はお目にかかることができて、たいへんうれしいです。

山下：メールで経歴などはお知らせいただきましたが、今日は、作品は**お持ちですか**。

リー：はい、持ってまいりました。ご覧いただけます**でしょうか**。まだ勉強不足ですが、専門家**でいらっしゃる**先生にいろいろアドバイスいただければと思っております。

山下：それでは、このデザインについて、5分程度でプレゼンテーションをお願いします。

リー：はい。では、始め**させていただきます**。よろしくお願いいたします。

※ "〜ばと思います" is used when you say modestly to someone "if you can, I'd like you to 〜" as in "アドバイスいただければと思います".

どう使う？

「お／ご ～いただく」「お／ご ～くださる」は、「～てもらう」「～てくれる」をていねいに言うときに使う。
Use "お／ご ～いただく" and "お／ご ～くださる" when you want to say "～てもらう" and "～てくれる" politely.

お ＋ V-ます
ご ＋ N ｝ ＋ ｛ いただく
　　　　　　　くださる

①本日はお忙しい中、お集まりいただき、たいへん感謝しております。

②最後までお聞きくださいまして、ありがとうございました。

③先生が先日ご紹介くださった本はたいへん参考になりました。

④お手元にチケットをご用意いただき、こちらに並んでお待ちください。

やってみよう！

▶答え　別冊P. 8

1）本日はご来店くださいまして、　　　・

2）今回の調査では多くの市民の皆様に、　・

3）この教室は無料でご参加いただけますが、　・

4）ご応募くださった方の中から、　　　・

・a　ご協力いただきました。

・b　抽選で3名様にプレゼントいたします。

・c　誠にありがとうございます。

・d　テキスト代はご負担ください。

どう使う？

「お待ちしてます」のように、ていねいに話すときでも「～てます・～ときます・～ちゃいます」のような形が使われる。
Certain patterns such as "～てます・～ときます・～ちゃいます" are also used in polite conversation, as in "お待ちしてます".

①Ａ：田中さんどこにいるか知ってる？

　Ｂ：今、会議に出てますよ。

②Ａ：おいしそうなお弁当だね。自分で作るの？

　Ｂ：はい、毎日作ってます。

③Ａ：この箱、どうしましょうか。

　Ｂ：じゃ、そこに置いといていただけますか。

④銀行に行かなきゃいけませんので、これで失礼します。

⑤これ、もう使いませんよね。捨てちゃいますよ。

☞ 31　毎日練習してるんだ

74　来日前から存じ上げており ★★

どう使う？

相手に敬意を表しながら自分の行為を言うときに、「存じ上げる」などの特別な言葉を使うことがある。

Special words such as "存じ上げる" may be used when you talk about your own actions while expressing humbleness toward the listener.

意味	謙譲語 Humble word
会う	お目にかかる
見せる	お目にかける
もらう	ちょうだいする
知る	存じ上げる
思う	存じる

①久しぶりにお目にかかるのを楽しみにしています。

②Ａ：うちの営業部の田中をご存知ですか。

　Ｂ：はい、よく存じ上げています。

③Ａ：まあ、一杯。

　Ｂ：はい、ちょうだいします。

やってみよう！

１）ただいまよりお目に（かかります・かけます）のは小学生
　　によるバンド演奏です。

２）Ａ：本日はお時間をいただきありがとうございます。

　　Ｂ：こちらこそ、わざわざ来て（さしあげて・いただいて）
　　　　ありがとうございます。佐々木と申します。

　　Ａ：お名刺（さしあげます・ちょうだいします）。

３）Ａ：あの方のお名前を（ご存知ですか・存じ上げますか）。

　　Ｂ：さあ。よくお目に（かかります・かけます）が、お名
　　　　前は（ご存知じゃありません・存じ上げません）。

２）

３）

75　作品はお持ちですか ★★

どう使う？

「お／ご〜です」は、尊敬する相手が「〜ている」と言うときに使われる。「待つ・持つ」などの
動詞のほか、「滞在・専攻・研究・担当・活躍」などの名詞と一緒に使われる。
"お／ご〜です" is used when you say "〜ている" to a person whom you should show respect.
Verbs such as "待つ・持つ" as well as nouns such as "滞在・専攻・研究・担当・活躍" can be
used in the pattern.

お　＋　V-ます
ご　＋　N　　　＋　です

＊「見ます・寝ます」など、ます形が１音のものには使わない。
　Do not use it with verbs such as "見ます・寝ます" that only have a one-syllable stem in the ます form.

①お呼び出しいたします。鈴木一郎君のお母様、一郎君が迷
　子センターでお待ちです。

②山川さん、保険証をお持ちですか。

③当ホテルには何日間ご滞在ですか。

④作家の上野先生は新聞、テレビなどでもご活躍です。

やってみよう！

1）もしもし、上田ですが、　　　　　　　　・　　　・a　どうお考えですか。

2）まだ時間になりませんが始めましょう。・　　　・b　山田部長はもうお帰りですか。

3）環境問題について　　　　　　　　　　・　　　・c　グローバル経営をご研究です。

4）高山さんは大学で　　　　　　　　　　・　　　・d　皆様、もうお集まりですから。

「お V-ます」で、名詞として使われることもある。　　★★

You can also make nouns in the "お V-ます" pattern.

①ロープウェイをお待ちのお客様はこちらにお並びく

ださい。

②お降りの際は足元にご注意ください。

76　ご覧いただけますでしょうか　★★★

どう使う？

「〜でしょうか」は、ていねいに質問したり、依頼したりするときに使う。
Use "〜でしょうか" when you politely ask a question or make a request.

Po
Pl
┐ ＋ でしょうか

［なA だ　N だ］

「〜です」は「〜です＋でしょうか」になる。

✗　よくなかったですでしょうか。

○　よくなかったでしょうか。

①山に登るとき、何か気をつけることがありますでしょうか。

②何かアドバイスをお願いできませんでしょうか。

③部長、先日提出した報告書、ミスはなかったでしょうか。

④次回の打ち合わせは来週の火曜日でしたでしょうか。

⑤申し込みには何が必要でしょうか。

▶答え　別冊P. 8

例）これ、お願いしたいんですが、今<u>お忙しいですか</u>。

　　→　（　お忙しいでしょうか　）。

1）どれくらい<u>時間がかかりますか</u>。　→　（　　　　　　　　　　　　　）。

2）これ、1週間ぐらい<u>貸していただけますか</u>。　→　（　　　　　　　　　　）。

3）山田さんを<u>ご紹介いただけませんか</u>。　→　（　　　　　　　　　　　　）。

4）今、<u>お時間大丈夫ですか</u>。　→　（　　　　　　　　　　）。

77　専門家でいらっしゃる　★★

どう使う？

「〜ていらっしゃる」は、尊敬する相手が「〜ている」と言うときによく使う。「〜です」のかわりにも使われることもある。

"〜ていらっしゃる" is often used when you say "〜ている" to a person whom you should show respect. It is also used in place of "〜です".

V-て
なAで
Nで
　+ いらっしゃる

①外国に住んでいらっしゃる方にアンケートをお願いしました。

②先生がどう思っていらっしゃるか、よくわかりません。

③奥様は音楽の先生でいらっしゃいます。

④お客様があちらでお待ちでいらっしゃいます。

⑤伊藤先生はご専門分野だけでなく、多方面でご活躍でいらっしゃいます。

72
〜
78

▶答え　別冊P. 8

1）皆様、お元気で（いらっしゃいます・ございます）か。私たちは元気にして

　　（いらっしゃいます・おります）。

２）こちらは本日発売の新製品で（いらっしゃいます・ございます）。お肌のトラブルで悩んで（いらっしゃる・おる）方は、ぜひお試しください。

３）皆さん専門家で（いらっしゃいます・ございます）から、たくさんのご意見を期待して（いらっしゃいます・おります）。

78　始めさせていただきます　★★★

どう使う？

「〜させていただく」「〜させてくださる」は、「〜させてもらう」「〜させてくれる」をていねいに言うときに使う。
Use "〜させていただく" and "〜させてくださる" when you want to say "〜させてもらう" and "〜させてくれる" politely.

V-させる　て　＋　┌　いただく
　　　　　　　　　└　くださる

①出張に会社の車を使わせていただいてもかまいませんか。

②明日、もう一度お電話させていただきます。

③以上で私の説明を終わらせていただきます。

④そのお年寄りは昔の話をいろいろ聞かせてくださいました。

やってみよう！

▶答え　別冊P. 8

１）すみません。今日早退（させて・して）いただきたいのですが…。

２）この作文をチェック（させて・して）いただきたいのですが…。

３）週末にうちの会社で通訳のアルバイトを（させて・して）くださる留学生を探しています。

４）午後から会議をするんですが、このプロジェクター、ちょっと（使わせて・使って）いただけますか。

☞　12　飼わせてもらった

▶答え　別冊P. 8

1

1）はじめまして。鈴木と申します。＿＿＿＿＿＿＿、光栄です。
　　　　　　　　　　　　　　　　　　（会えて）

2）お客様からおほめの言葉を＿＿＿＿＿＿、たいへんうれしく思いました。
　　　　　　　　　　　　　　　（もらって）

3）本日はぜひ＿＿＿＿＿＿ものがあって、持ってまいりました。
　　　　　　　　（見せたい）

4）A：ABK商事の山田部長に会ったことがありますか。

　　B：はい、よく＿＿＿＿＿＿おります。

　　　　（知って）

ちょうだいする　　　お目にかける　　　お目にかかる　　　存じ上げる

2

1）A：これ、事務所へ運び（ましょうか・ますでしょうか）。

　　B：そうですか。じゃ、お願いします。

2）A：もしもし、佐藤様はいらっしゃい（ましょうか・ますでしょうか）。

　　B：はい、少々お待ちください。

3）本日は（お集まりいただき・集まっていらっしゃって）、ありがとうございます。時間ですので、そろそろ始めたいと思います。

4）本日、（ご講演させる・ご講演くださる）高橋先生は、写真家として世界各地で（ご活躍いただきます・ご活躍です）。

5）ただ今から当社の新製品について（紹介させて・紹介して）いただきます。

▶答え　別冊P.17

問題1　〈文法形式の判断〉

次の文の（　　　）に入れるのに最もよいものを、1・2・3・4から一つえらびなさい。

__1__　先ほど商品が届きました。すぐに（　　　）、ありがとうございました。

1　送らせてさしあげ　　　　　　2　送らせていただき

3　送ってさしあげ　　　　　　　4　お送りいただき

__2__　皆様は日本の歌舞伎を（　　　）ことがありますでしょうか。

1　ご覧になった　　　　　　　　2　お目にかけた

3　お目にかかった　　　　　　　4　拝見した

__3__　こちらで具体的な方法を（　　　）いただき、後日ご連絡いたします。

1　検討して　　　　　　　　　　2　検討させて

3　ご検討　　　　　　　　　　　4　ご検討になって

__4__　A：失礼ですが、大山様（　　　）か。
　　　B：はい。大山です。

1　でいらっしゃいます　　　　　2　でございます

3　になります　　　　　　　　　4　がまいります

__5__　ファンの皆様に、この場をお借りして厚く御礼（　　　）。

1　おっしゃいます　　　　　　　2　おっしゃっております

3　申しております　　　　　　　4　申し上げます

次の文の＿★＿に入る最もよいものを、1・2・3・4から一つえらびなさい。

1　申し訳ありませんが、調査の＿＿＿＿　＿＿＿＿　＿★＿　＿＿＿＿でしょうか。

　　1　ちょうだい　　**2**　ための　　　**3**　できます　　**4**　お時間を

2　今回の＿＿＿＿　＿＿＿＿　＿★＿　＿＿＿＿くださった皆様に感謝いたします。

　　1　協力　　　　　　　　　　**2**　ご

　　3　アンケート調査　　　　　**4**　に

3　山田部長、＿＿＿＿　＿＿＿＿　＿★＿　＿＿＿＿いらっしゃってください。

　　1　応接室へ　　**2**　お客様が　　**3**　ですので　　**4**　お待ち

問題3　〈読解〉

次の文章を読んで、質問に答えなさい。答えは、1・2・3・4から最もよいものを一つえらびなさい。

日ごろ、当社の携帯電話をご利用いただき、誠にありがとうございます。お客様の携帯電話からのメールサービスは本年7月よりご利用いただけなくなりますので、6月末日までに、新しい機種に変更していただきますようお願いいたします。お客様にはたいへんご不便・ご迷惑をおかけいたしますこと、深くおわび申し上げます。皆様のご理解とご協力をお願いいたします。

このお知らせでいちばん伝えたいことは何ですか。

　　1　携帯電話の利用者に対する感謝の気持ち

　　2　6月までメールが使えること

　　3　新しい携帯電話に買い替えてほしいこと

　　4　迷惑をかけたことに対するおわびの気持ち

この問題では、問題用紙に何も印刷されていません。まず文を聞いてください。それから、その返事を聞いて、1から3の中から、最もよいものを一つえらんでください。

1	**1**	**2**	**3**	🎧 45

2	**1**	**2**	**3**	🎧 46

3	**1**	**2**	**3**	🎧 47

9　お花見（1）

Cherry blossom viewing (1)

できること

● 身近な話題について、個人的な考え方や感じ方を表現することができる。
Express personal thoughts and feelings about a familiar topic.

毎年、桜の季節になると、いつ、だれと、どこにお花見に行くのかということは、私にとって大問題だ。

花が咲いてからでなければ意味がないから、「いつ」はもちろん最優先だ。私はまるで雪が降っている**かのように**落ちてくる花びらを見るのがいちばん好きだが、五分咲き、満開、散り始め、それぞれの良さがある。どちらにしても花が残っている**うちに**行かないと意味がない。見ごろの時期はとても短いので、いろいろと大変だ。

「だれと」と「どこに」はセットになる。「桜と言えば○○」という名所はもちろん素晴らしく、花見客**向け**にお茶会などの催しもあって楽しい。**人によって**その楽しみ方はそれぞれだが、私は数人の友人とワイワイ一緒に行くことが多い。

79　花が咲いてからでなければ　★★

どう使う？

「〜てからでなければ…／〜てからでないと…」は、「…」は「〜」が実現しないとできないと言うときに使う。「…」には「難しい・できない」などの否定的な表現を使う。
Use "〜てからでなければ…／〜からでないと…" when you say that "…" cannot be done until "〜" is done. Use negative expressions such as "難しい・できない" for "…".

V-て ＋ ┌ からでなければ
　　　 └ からでないと

①この会社では、3か月の研修を受けてからでなければ正社員になれません。
②大切なことは、両親に相談してからでなければ決められない。
③初めてコンタクトレンズを買うときは、眼科の検査を受けてからでないと買えません。
④A：これ食べてもいい？
　B：まだだめ。もう少し焼いてからでないと…。

やってみよう！

▶答え　別冊P. 8

1）入金を確認（してからでなければ・してから）、商品は発送できません。

2）このプロジェクトは事前に調査（してからでないと・してから）進めましょう。

3）インフルエンザが（治ってからでないと・治ってから）学校へ来てはいけません。

4）この薬は、食事を（してからでないと・してから）飲んでください。

80　雪が降っているかのように　★

どう使う？

「〜かのよう」は、実際はそうではないのにそのように感じると言うときに使う。
Use "〜かのよう" when you say that it seems like something that is not actually true.

V-PI ＋ ┌ かのようだ
　　　　├ かのように
　　　　└ かのような ＋ N

＊「なA／N ＋ であるかのように」の形も使われる。

①リンさんの部屋はまるで泥棒が入ったかのように散らかっている。
②4月なのにまるで冬に戻ったかのような寒い日が続いている。
③このあたりは紅葉の名所で、秋になると山全体が燃えているかのように赤く染まります。
④犯人は警察に質問されて、事件のことを何も知らないかのように答えていた。
⑤山本さんは子犬をまるで自分の子どもであるかのようにかわいがっている。

☞　27　パーティーのような楽しいイベント
　　　42　本当のハムのように

どう使う？

「〜うちに」は、ある変化が起きる前に、何かをしたほうがいい・したい・してくださいなどと言うときに使う。

Use "〜うちに" to indicate that it is better to do something before a certain change occurs, or to express a desire to do something before that change happens.

V-ない
V-て いる
いA
なA な
N の
＋ うちに

①アイスクリームが溶けないうちに食べよう。

②銀行が開いているうちに振り込みに行かなければならない。

③「鉄は熱いうちに打て」ということわざは「若いうちにきたえた
　ほうがいい」という意味だ。

④子どものうちに、外国語を習わせたほうがいいという意見もある。

⑤この魚はいたみやすいので、新鮮なうちに港に運ばれ、すぐ加工される。

やってみよう！

▶答え　別冊P. 9

1 ）A：ねえ、お兄ちゃんが（出かける・出かけている）うちに、ケーキ食べちゃおう。

　　B：うん。

2 ）大事なことは、（忘れる・忘れない）うちにメモをしておきなさい。

3 ）お客様の顔を（覚える・覚えている）うちに、名刺の整理をしておこう。

68　住んでいるうちに慣れる

82　花見客向けに　★

どう使う？

「〜向け」は、ある特定の人やグループのためのものだということを表すときに使う。

Use "〜向け" when you express that something is for a specific person or group.

 ＋ ┌ 向けに
　　　├ 向けだ
　　　└ 向けの ＋ N

①これは子ども向けの映画だが、大人にも人気がある。

②最近の若い女性向けの雑誌はファッションやグルメの記事が多い。

③当社では輸出向けに左ハンドルの車を生産しています。

④最近は独身者向けのワンルームマンションがあちこちに建てられている。

✚ Plus

〜向き　★

もともと持っている性質について言うときは「〜向き」を使う。
Use "〜向き" when you talk about something's inherent characteristics.

①彼女はアニメの声優向きの声をしている。

②この山は、道が狭くてけわしいので経験者向きです。

③この服はかっこいいけれど仕事向きじゃないから買わないことにした。

83　人によってその楽しみ方はそれぞれだ　★★★

どう使う？

「〜によって」は、人や場所、時間などに対応してそれぞれ違うと言うときに使う。
Use "〜によって" when you say that something differs depending on the person, place, time, or the like.

N ＋ ┌ によって
　　└ による ＋ N

＊「〜かによって・〜かどうかによって」の形も使われる。

①いろいろな人がいるのだから、人によって好みや考え方が違うのは当然だ。

②スーパーでは曜日によって特売品を設定するなど、集客のための工夫をしている。

②

③コンビニでは地域によってお弁当などの味つけを変えているそうだ。
④この調査結果を見ると、世代によるインターネットの利用目的の違いがわかります。

「場所によっては電話がつながらないところもある」のように、ある場合には特別な状況になると言いたいときにも使う。　　　★★
You can also use it when you want to say that a specific situation will arise in a certain case, as in "場所によっては電話がつながらないところもある".

①この薬は人によっては副作用が出ることがあります。
②参加者の人数によっては、会場を変更するかもしれません。
③台風の進路によっては交通機関に影響が出る場合もあります。

やってみよう！

▶答え　別冊P. 9

1）私が受験する大学は、学部によって・　　　・a 宿泊料金が変わる。

2）このホテルは何日前に予約するかに・　　　・b 店のメニューが変わる。
　　よって

3）私がときどき行く料理屋は当日仕入・　　　・c 雪になるでしょう。
　　れた食材によって

4）検査の結果によっては　　　　　・　　　　・d 入学試験の日が違う。

5）明日は雨、ところによっては　　　・　　　　・e 手術が必要になるかもしれません。

2）

☞　21　インターネットによるお申し込み
　　58　大雨による山崩れ

Check

▶答え　別冊P. 9

1）最近は、お年寄り＿＿＿＿＿＿＿＿の操作が簡単な携帯電話があるから、祖母もほしいと言っている。

2）ちゃんと準備体操をして＿＿＿＿＿＿＿＿泳いではいけません。

3）お茶、冷めない＿＿＿＿＿＿＿＿どうぞ。

4）あの俳優は、演じる役＿＿＿＿＿＿＿＿印象がぜんぜん違う。

からでないと	向け	によって	うちに

9 お花見（2）
Cherry blossom viewing (2)

できること

●特にこだわりがあるものなどについて、自分の気持ちを表現することができる。
Express your feelings, especially about something you particularly care about.

♪49

見ごろになると、友だちのだれかからだいたい仕事の**最中**に電話がかかってきて、「今日行く？」と聞かれる。やりかけの仕事が残っていても、行かずにはいられなくなって、「行く、行く」と答えてしまう。当然、帰ってきてから夜中まで仕事をすることになる。

また、毎年必ず行くお気に入りの場所がある。名所と言われるところではないが、そこは静かで、それほど人も多くなく、ゆっくり桜を楽しみたい人向きだ。そこには家族とのんびり行く。

そして、一人で買い物の途中に見る家の近くの桜もうれしい。どんなに急いでいても、桜の木の下で足を止めて、ちょっと見上げるこの時間は大切にしたいと思う。

84　仕事の**最中**に　★★

どう使う？

「〜最中」は、何かをしている、ちょうどそのときに、思っていなかったことが起きたときに使われる。邪魔されたくない状況のときによく使われる。
"〜最中" is used when something unexpected happens just as you were doing something else. This expression is often used in situations when you do not want to be bothered.

79〜86

$$\begin{array}{l}\text{V-て いる} \\ \text{N の}\end{array} \Big] + \Big[\begin{array}{l}\text{最中に} \\ \text{最中だ}\end{array}$$

①面接の最中におなかが鳴ってしまった。

②引っ越しの最中に飼っている犬が逃げ出して、大騒ぎになった。

③データを入力している最中に、コンピューターがフリーズしてしまった。

④この扉の向こうでは、連続殺人事件の裁判が行われている最中です。

やってみよう！

▶答え　別冊P. 9

1）漫画家になると決心したのですから、絶対に（途中・最中）であきらめません。

2）検査の（うち・最中）に、急に気分が悪くなって看護師を呼んだ。

3）試験が終わってから結果発表までの（間・最中）ずっと緊張していた。

4）プレゼンテーションの（うち・最中）に家族から緊急の連絡があった。

5）先生が来ない（うち・最中）に宿題見せて。

85　やりかけの仕事　★★

どう使う？

「〜かけ」は、何かをし始めて、まだ終わっていない状態だと言うときに使う。
Use "〜かけ" when you say that you have started something and are not finished with it yet.

$$\boxed{\text{V-ます}} + \Big[\begin{array}{l}\text{かけだ} \\ \text{かけの}\end{array} + \boxed{\text{N}}$$

＊「〜かけた・〜かけて」の形も使われる。

①弟の部屋には作りかけのプラモデルがいくつもある。

②図書館で借りた本、まだ読みかけだったのに返却日になってしまった。

③A：レポートできた？

　　B：ううん。ゆうべ途中まで書きかけたんだけど…。

④セーターを編みかけて、途中であきらめたことが何度もある。

やってみよう！

▶答え　別冊P. 9

1）A：冷蔵庫にあった（食べかけの・食べかけて）アイスクリーム、知らない？

　　B：食べちゃったよ。

２）彼ははずかしそうに、何か（言いかけの・言いかけて）やめた。

３）日本語で手紙を（書きかけた・書きかけだ）けど、難しかったので、途中であきら

めて、英語で書くことにした。

86　行か**ずにはいられなく**なって　　★

どう使う？

「〜ずにはいられない」は、我慢ができなくて、どうしても〜してしまう状況だと言うときに使う。
Use "〜ずにはいられない" when you say that you can not stand it and end up doing "〜"
no matter how hard you try not to.

V-ない ＋ ずにはいられない

＊「する」→「せずにはいられない」

①A：蚊に刺されたところ、かいちゃだめだよ。

　B：そう言われても、かゆくてかかずにはいられないんだよ。

②A：人の間違いを笑ったら失礼よ。

　B：でも、笑わずにはいられないよ。

③A：木村さんがあんな大声を出したから、びっくりしたよ。

　B：友だちの悪口を言われて、怒らずにはいられなかったんだ

　　ろうね。

④一流の水泳選手はみんな、毎日練習せずにはいられないらし

い。

＋Plus

〜ないではいられない　　★

「〜ないではいられない」の形も同じように使う。

V-ない ＋ ではいられない

①彼女は毎日ケーキを食べないではいられないらしい。

②お祭りだと言われると、行かないではいられなくなってしまう。

▶答え　別冊P. 9

１）数を（数えている最中に・数えてからでないと）話しかけられて、どこま
　　で数えたかわからなくなってしまった。

２）この（吸いかけの・吸わずにいられない）たばこはだれのですか。危ないで
　　すよ。

３）おしゃべりな洋子さんは、人のうわさを聞くと
　　（話している最中・話さずにはいられない）らしい。

▶答え　別冊P.18

問題1 〈文法形式の判断〉

次の文の（　　　）に入れるのに最もよいものを、1・2・3・4から一つえらびなさい。

1　申し訳ありませんが、部長に（　　　）、お答えできません。

1　聞くと言えば　　　　　　　2　聞いているうちに

3　聞きかけで　　　　　　　　4　聞いてからでなければ

2　映画を見ている（　　　）携帯電話が鳴って、あせった。

1　おかげで　　　2　べきで　　　3　最中に　　　4　とおりに

3　国（　　　）休日が違うので、外国製のカレンダーを使うときは気をつけよう。

1　によって　　　2　にとって　　　3　にたいして　　　4　について

4　弟は（　　　）ノートがたくさんあるのに、また新しいノートを買ってきた。

1　使い終わる　　　2　使いかけの　　　3　使うほどの　　　4　使うかわりに

5　これは初心者（　　　）書かれたパソコンの本です。

1　にとって　　　2　らしく　　　3　向けに　　　4　を通じて

6　肉まん買ってきたよ。温かい（　　　）どうぞ。

1　うちに　　　2　ために　　　3　ように　　　4　とおり

7　私は、見る人が最後まで（　　　）ようなおもしろいドラマを作りたいと思っています。

1　見るはずがない　　　　　　　2　見ずにはいられない

3　見るほどではない　　　　　　4　見かけない

次の文の＿★＿に入る最もよいものを、1・2・3・4から一つえらびなさい。

1 　ほかの仕事をする前に、＿＿＿＿ ＿＿＿＿ ＿★＿ ＿＿＿＿ほうがいい。

　　1　しまった　　　2　やりかけの　　　3　終わらせて　　　4　仕事を

2 　学校で勉強した＿＿＿＿ ＿＿＿＿ ＿★＿ ＿＿＿＿おきましょう。

　　1　うちに　　　2　ことは　　　3　復習して　　　4　忘れない

3 　日本で正月に食べる料理＿＿＿＿ ＿＿＿＿ ＿★＿ ＿＿＿＿があるそうだ。

　　1　によって　　　2　は　　　3　地方　　　4　特色

問題3 〈文章の文法〉

次の文章を読んで、文章全体の内容を考えて、　1　～　6　の中に入る最もよいものを、1・2・3・4から一つ選びなさい。

　　子どものころ、父はぼくを子ども　1　映画や遊園地に連れていってくれたことはない。　2　、野球場へはよく連れていってくれた。ルールも知らなかったぼく　3　、野球の楽しみといえば、売店で買ってもらう食べ物だった。
　　父は試合中に、自分のビールを買うときには、ぼくにも必ず何か買ってくれた。たまに、　4　味方チームの攻撃が始まり、応援しなければならなくなることもあった。ほかのものは　5　置いておけるが、アイスクリームのときは困った。あわてて食べるから、頭がキーンと痛くなった。
　　今、ビールを片手に大声　6　応援するぼくの横で、今年5歳になった息子がジュースを飲んでいる。アイスクリームは買わないから心配するな。でもお前も子どものころのぼくに似てアイスクリームが大好きなんだよな。

1 　1　向けの　　　2　にとって　　　3　といえば　　　4　かけの

2 　1　さらに　　　2　それから　　　3　そのかわり　　　4　そのうえ

3 　1　によって　　　2　にとって　　　3　のかわりに　　　4　に対して

4	**1** 食べている最中に	**2** 食べてからでなければ
	3 食べてから	**4** 食べたばかりで

5	**1** 食べたとたん	**2** 食べようとして
	3 食べるとおり	**4** 食べかけで

6	**1** で	**2** に	**3** と	**4** を

問題4 〈聴解〉

1 この問題では、問題用紙に何も印刷されていません。この問題は、全体としてどんな内容か
を聞く問題です。話の前に質問はありません。まず話を聞いてください。それから、質問
と選択肢を聞いて、1から4の中から、最もよいものを一つ選んでください。

1	**1　2　3　4**	🎧50

2	**1　2　3　4**	🎧51

2 この問題では、絵を見ながら質問を聞いてください。矢印（→）の人は何と言いますか。
　1から3の中から、最もよいものを一つ選んでください。

　　　　　1　2　3　　　　　🎧52

できること

● 将来の展望について、自分の意見を強く主張することができる。
Strongly assert your opinion about the outlook for the future.

53

ゆき：お母さん、ちょっと話があるんだけど。

母：何？

ゆき：私、大学をやめて、劇団の仕事に集中したいと思って…。

母：え!? そんなこと、できる**わけがない**でしょう。

ゆき：お母さん、ちゃんと私の話を聞いて。

母：演劇が好きなのはわかるけど、せめて大学を卒業してから考えたらどう？

ゆき：私にはこの仕事**しかない**って真剣に考えてるの。

母：でもね、ゆきのこと、心配している**からこそ**、言ってるのよ。演劇**なんか**しても、生活でき**っこない**でしょう。

ゆき：でも、大学を出た**からといって**、就職できる**とは限らない**よ。

87　できる**わけがない**　　★★★

どう使う？

「〜わけがない」は、そんなことは絶対考えられないと、強く否定したいときに使う。「〜ないわけがない」の形は必ず〜だと自信を持って言うときに使う。
Use "〜わけがない" when you want to strongly deny something because it is absolutely unthinkable. Use the "〜ないわけがない" pattern when you say with confidence that "〜" must be true.

PI ＋ わけがない

[なＡ だな　Ｎ だの]

①相手は世界でトップのチームだし、がんばったって、勝てるわけがない。

②Ａ：あれ？　あそこに座っている人、田中部長じゃない？

　Ｂ：え？　違うよ。部長は今日から名古屋へ出張だから、部長のわけがないよ。

③ちゃんと準備したんだから、プレゼン、うまく行かないわけがないよ。もっと自信を

　持たなきゃ。

④Ａ：山田さんは知らなかったと言っていますが…。

　Ｂ：担当者は山田さんなんだから、知らなかったわけがないよ。

やってみよう！

▶答え　別冊P. 9

１）Ａ：部屋代が安ければ、あのマンションに住みたいな。

　　Ｂ：駅から近いし、新しくてきれいだし、（安い・安くない）わけがないよ。

２）Ａ：富士山に走って登る競走があるんだって。一緒に出ようよ。

　　Ｂ：だめだめ。トレーニングもしていないのに、走って（登る・登れる）わけがない

　　　　よ。

３）１日に100個新しい言葉を覚えなさいって言われちゃった。そんなに

　　（覚える・覚えられる）わけがないよね。

４）Ａ：この本、こんなに仕入れちゃって大丈夫なんですか。

　　Ｂ：大丈夫さ。人気作家の最新作なんだから、（売れる・売れない）わけがないよ。

＋Plus

〜はずがない　　★★

「〜はずがない」の形でも同じように使う。

PI ＋ はずがない

[なＡ だな　Ｎ だの]

①Ａ：田中さん、海外転勤の話を断ったんだって。

　Ｂ：えー！　ずっと行きたがってたんだから、あの人が断るはずがないよ。

②Ａ：ダンスなんて何がおもしろいの？　ぜんぜんわからない。

　Ｂ：実際にやってみなければ、そのすばらしさはわかるはずがないよ。

88　この仕事しかない ★★★

「〜しかない」は、今の状況ではこれ以外に方法がない、これがいちばんいいと言うときに使う。しかたがないという気持ちで使うことも多い。

Use "〜しかない" when you say that given the current situation, only this approach (as expressed by "〜") is available, or that this is the best. This expression is also often used to say something along the lines of "it can't be helped."

V-る
N ＋ しかない

① 入学試験まであと 1 週間。とにかくがんばるしかありません。
② 台風で飛行機は欠航だし、お金もないし、空港で 1 泊するしかない。
③ 全員が集まれるのは、金曜の午後しかありませんね。

やってみよう！

▶答え　別冊 P. 9

1 ）終電もなくなり、タクシーも来ないから、　・

2 ）レポートは明日しめ切りなのに、まだ半分も・
　できていないから、

3 ）インフルエンザで1/3以上の学生が欠席して・
　いるので、

4 ）あのレストランは予約は受け付けてくれない・
　から、

・a　休校にするしかないと先生は言った。

・b　食べたかったら並ぶしかないんです。

・c　歩いて帰るしかない。

・d　今日は徹夜するしかない。

＋ Plus

〜ほか（は）ない ★★

「〜ほか（は）ない」の形も同じように使う。

V-る ＋ ほか（は）ない

① 天候不順で、山頂まで行くのはあきらめるほかなかった。
② 薬では治せないから、手術するほかないだろうと医者に言われた。
③ 高層ビル建設に対する住民の反対運動が続いています。
　計画を変更するほかありません。

89　心配しているからこそ　★★

どう使う？

「〜からこそ」は、大切な理由、特別な理由だからと強調したいときに使う。
Use "〜からこそ" when you want to emphasize an important or special reason.

PI ＋ からこそ

＊「だからこそ」という言い方もある。

①大変なときだからこそ、協力することが大切なんです。

②いろいろな国の人たちと交流できたのは留学したからこそだと思います。

③A：今度のプロジェクトは、私には無理だと思うんですが…。

　　B：いや。難しいからこそ、ぜひ君にやってもらいたいと思っているんだ。

④人生は思い通りにいかないことが多いですが、だからこそおもしろいんですよ。

やってみよう！

▶答え　別冊P. 9

1）お互い信頼関係があるからこそ、どん
　　な問題に対しても

2）皆さんの応援があったからこそ、　　　・

3）子どもが使うものだからこそ、　　　　・

4）彼は非常に個性的な政治家だったから・
　　こそ、

・a　優勝できたんです。

・b　国民に期待されたのだ。

・c　自由に意見が言い合えるのです。

・d　安全なおもちゃを選びたい。

90　演劇なんかしても　★★★

どう使う？

「〜なんか」は、あまり重要でないと思うことを言うときに使う。謙遜するときにも使う。
Use "〜なんか" when you talk about something that you think is not very important. You can also use it when you are being humble.

N ＋ なんか

①テレビなんかなくても、パソコンがあれば困らない。
②私は仕事が恋人だから結婚なんかしない。
③N3なんか、ちゃんと準備すれば簡単だよ。

④A：先月営業部で成績トップになったそうですね。すごいですね。

　B：いえいえ、私なんか、まだまだです。

▶答え　別冊P. 9

1）国のためにと言っているけど、　　　　　　　　・　　・a 服なんか何でもいいと答えた。

2）どんなに体にいいと言われても、　　　　　　・　　・b 空港なんかいらないよ。

3）旅行に何着ていったらいいかって聞かれ・　　・c にんじんなんか食べたくない。

　たから、

4）この町は人口が少ないんだから、　　　　　　・　　・d 政治家なんか信じられないよ。

「なんか」に助詞がつくこともある。
You can also connect a particle to "なんか".
お前なんかにおれの気持ちがわかるわけがない。

＋Plus

〜なんて ★★★

「〜なんて」の形も同じように使われる。

①バドミントンなんてだれでもできると思ったんですが、やってみるとかなりはげしいスポーツでした。

②お宅のワンちゃん、いい子ですね。うちの犬なんて、ぜんぜん私の言うことを聞かないんですよ。

☞ 66　こちら**なんか**いかがですか
100　寝て**なんか**いられない

91　生活できっこない ★★

「〜っこない」は「〜わけがない」と同じように、そんなことは絶対考えられないと、強く否定したいときに使う。推量の一種で、自分の意思には使わない。
Use "〜っこない" in the same way as "〜わけがない" when you want to strongly deny something because it is absolutely unthinkable.This expression is used as a form of conjecture, not as an expression of your own will.

144

V-ます ＋ っこない

①30年後、自分がどこで何をしているかはだれにもわかりっこない。

②Ａ：そんなに自分の意見をくり返してばかりじゃ話し合いはまとまりっこないよ。

　Ｂ：じゃ、どうしたらいいでしょうか。

③課長、今からがんばっても明日の納品には間に合いっこないですよ。

④いくらおすしが好きでも、50皿も一度に食べられっこないよ。

やってみよう！

▶答え　別冊P.9

例１）　Ａ：秘密だから、だれにも言わないでね。

　　　　Ｂ：うん。絶対（言わない・言いっこない）よ。

例２）　Ａ：山田さんが部長に「会社をやめろ！」って言ったんだって？

　　　　Ｂ：山田さんはそんなこと絶対（言わない・言いっこない）よ。

１）　Ａ：昼ご飯食べないの？

　　　Ｂ：ダイエット中だから、昼ご飯は（食べない・食べっこない）んだ。

２）　Ａ：おいしそう。毎朝、自分でお弁当作っているの？

　　　Ｂ：ううん。朝寝坊の私が、そんなこと（できない・できっこない）よ。

３）　Ａ：今度の旅行、どうして（行かない・行きっこない）の？　一緒に行こうよ。

　　　Ｂ：ごめん。アルバイトがあるから…。

４）　Ａ：１人でタイへ行くの？

　　　Ｂ：タイ語がぜんぜんわからないんだから、１人で（行けない・行けっこない）でしょ。連れていってもらうのよ。

92　大学を出たからといって　★★★

どう使う？

「〜からといって…」は、「〜」だけの理由で、「…」をするのはよくない、できない、すると困ったことになるなどと言うときに使う。批判・助言・注意などを言うときに使うことが多い。
Use "〜からといって…" when you say that just because of "〜", doing "…" is not good, not doable, will cause a problem, or the like. This expression is often used when giving criticism, advice, a warning or the like.

PI ＋ からといって

＊「だからといって」という言い方もある。

①A：あんなにがんばって練習したんだから、今度の大会は絶対優勝ですね。

　B：練習したからといって、簡単には優勝できませんよ。

②買い物は計画的に。安いからといって、買いすぎないようにしましょう。

③便利だからといって、インターネットに頼ってばかりいると、困ることがあるよ。

④運動は必要ですが、だからといって、やりすぎてはいけません。

▶答え　別冊P.10

1）試験が（終わった・ある）からといって、遊びすぎないでください。

2）ペットが（ほしい・かわいい）からといって、えさをやりすぎてはいけませんよ。

3）（ひまだ・忙しい）からといって、ごろごろしていないで、部屋を片付けなさい。

4）熱が（上がった・下がった）からといって、無理をしてはいけませんよ。

93　就職できるとは限らない　★★★

どう使う？

「〜とは限らない」は、一般的なイメージがあてはまらないこともあると言うときに使う。
Use "〜とは限らない" when you say that the general impression may not always apply.

PI ＋ とは限らない

＊「**なA** ／ **N** ＋ とは限らない」の形もある。

①最近、バレンタインデーに贈るものはチョコレートとは限らないそうです。

②A：このマンガ、きっと海外でも人気が出るでしょうね。

　B：いやあ、日本で人気があっても、海外でも人気が出るとは限らないですよ。

③大企業だからといって、倒産しないとは限らない。

④駅の近くなら通勤に便利だとは限りません。急行が止まらない駅は意外に不便ですよ。

⑤デジカメは機能が多くても使いやすいとは限りません。ニーズに合わせてお選びください。

▶答え　別冊P.10

1）社長の意見が必ずしも正しい（に決まっている・とは限らない）。

２）真冬にＴシャツ１枚で出かけたの？ そんなことしたら、寒い
　（に決まっている・とは限らない）よ。

３）何の説明もなく、消費税を上げるなんて、国民は反対す
　る（に決まっている・とは限らない）。

４）このお茶は花粉症に効果があると言われているが、すべ
　ての人に効果がある（に決まっている・とは限らない）。

４）

Check

▶答え　別冊P.10

１）アイスクリーム買いすぎて、冷凍庫に入りきらないから、食べちゃう
　　＿＿＿＿＿＿　ね。

２）Ａ：今日ね、テレビの星占いが悪かったのよ。

　　Ｂ：気にしないほうがいいよ。占いなんて当たり＿＿＿＿＿＿んだ
　　　から。

３）こんな難しい文章、辞書があっても読める＿＿＿＿＿＿よ。

４）新聞に書いてあることがすべて正しい＿＿＿＿＿＿。自分で考えること
　も必要だ。

> しかない　　っこない　　とは限らない　　わけがない

５）Ａ：いつも一緒に練習している中村選手と、メダルを争うことになります
　　　が…。

　　Ｂ：彼はいいライバルです。ライバルがいる＿＿＿＿＿＿、自分もがん
　　　ばれるんです。

６）友だちだ＿＿＿＿＿＿、連絡もしないで突然家へ行くのは失礼ですよ。

７）父は「禁煙＿＿＿＿＿＿すぐできる」と言っているが、１週間以上禁
　煙しているのを見たことがない。

> なんか　　からといって　　からこそ

10 ゆきの選択（2）

Yuki's choice (2)

できること

●身近な人について、やや批判的に評価を言うことができる。
Give a somewhat critical assessment of a familiar person.

54

父：どうしたんだ？

母：ゆきが大学をやめて劇団の仕事やるって言ってるのよ。

父：劇団の仕事？ ああ、ずいぶん熱心にやっているからな。

母：大学を出てからにしたらと言ったんだけど…。ほんとに、ゆきのがんこな**ことといったら**…。世の中のことを何も知らない**くせに**…。

父：うーん、大学は出たほうがいいと思うが、ゆきが本気ならそれもいいんじゃないか。

母：お父さんが甘やかすから、ゆきがいつまでも子ども**っぽい**夢を追いかけるんですよ。お父さんの**せい**ですよ。

父：でも、ゆきの人生だし…。ゆき**のことだから**、きっとがんばると思うよ。

ゆき：お父さん、ありがとう。

母：ほんとにお父さんはゆきに甘いんだから…。

94　がんこなことといったら　★

どう使う？

「〜ことといったら」は、おどろき、感動、怒りなどの感情を強く表現したいときに使う。
Use "〜ことといったら" when you want to strongly express a feeling such as surprise, being impressed or anger.

いA
なA　な　＋　ことといったら

＊「N＋といったら」の形で「美しさ・すばらしさ・おもしろさ」などと一緒に使われることもある。

①花見の客の多いことといったら、ゆっくり桜も見られないほどでしたよ。
②あの店の店員の態度のひどいことといったら…。もう二度と行きたくない。
③沖縄の海の青さといったら、まるで映画のワンシーンを見ているようでした。

95　何も知らないくせに　★★

どう使う？

「〜くせに」は、相手に対してよくない印象を持っているときに使う。軽い気持ちで使うこともある。
Use "〜くせに" when you have a bad impression of another person. This expression is also used to express a feeling that is not strong.

PI　＋　くせに
[なA だな　N だの]

＊「そのくせ」という言い方もある。

①「今すぐ行きます」って言ったくせに、1時間たっても来ない。
②A：先輩、ちょっと休みませんか。
　B：なんだ、もう疲れたのか？　おれより若いくせに、体力がないなあ。

②

③山田って、本当は彼女が好きなくせに、いつも彼女に意地悪を言うんだよ。
④木村さんは文句ばかり言う。そのくせ何もしない。

やってみよう！

例１）　A：テストどうだった？

　　　　B：昨日５時間も勉強した（くせに・のに）できなかったんだー。

例２）あの会社は一流企業（のくせに・なのに）、アフターサービスが悪い。

１）雨が降っている（くせに・のに）、試合は続いている。

２）レストランをインターネットで予約しておいた（くせに・のに）、予約が入っていないと言われた。

３）学生（のくせに・なのに）、高級車に乗って、遊んでばかりいる。

４）あの店は、高い（くせに・のに）ぜんぜんおいしくない。

96　子どもっぽい夢　★★

どう使う？

「～っぽい」は、見たときの印象が、そう見える、そう感じるときに使う。
Use "～っぽい" when you have an impression that something looks or seems a certain way.

N ＋ っぽい

①いつも黒っぽい服を着ているね。明るい色は嫌いなの？

②ヘアスタイルをちょっと変えるだけで、ずいぶん大人っぽい印象になりますよ。

③A：その時計、ブランド物じゃないの？　高かったでしょう。

　　B：ううん。本物っぽく見えるでしょう？　でも、実はにせものなんだ。

④A：具合悪そうだけど大丈夫？

　　B：実は朝から、熱っぽいんです。

やってみよう！

▶答え　別冊P.10

１）家を建てるなら、部屋の壁を ＿＿＿＿＿＿ っぽくすると、部屋が明るい感じになるよ。

２）さっき、＿＿＿＿＿＿ っぽい人が訪ねてきたけど、弟さん？

３）買ったチョコレートでも、自分でかわいくラッピングするだけでも ＿＿＿＿＿＿ っぽくなりますよ。

4）このスパイスは独特（どくとく）のにおいがあるので ＿＿＿＿＿ っぽいと言って嫌（きら）う人もいます。

学生　　白　　薬　　手作（てづく）り

「 V-ます ＋ っぽい」の形（かたち）で、「よく〜する、すぐに〜する」という意味で使われる。
「あきる、怒（おこ）る、忘（わす）れる」などがよく使われる。　　　　　★★
The " V-ます ＋ っぽい" pattern is used to say that a person often or soon does something. Words such as "あきる、怒（おこ）る、忘（わす）れる" are often used with this pattern.
①課長（かちょう）は怒（おこ）りっぽくて、すぐ怒（おこ）るくせにすぐ忘（わす）れる。
②君（きみ）は忘（わす）れっぽいんだから、いつもメモを取るようにしなさい。
③あきっぽい人でも、この方法（ほうほう）なら楽しみながら練習できるので長続（ながつづ）きしますよ。

97　お父さんの**せい**ですよ　　　　　★★

どう使う？

「〜せい」は、悪（わる）い結果（けっか）になった理由（りゆう）を強く言うときに使われる。理由（りゆう）がはっきりとわかっているときは「〜せいで」、はっきりわからないときは「〜せいか」を使う。
"〜せい" is used when you strongly state the reason for a bad result. Use "〜せいで" when you are sure of the reason and use "〜せいか" when you are not sure.

PI ＋ せい

[なA だな　N だの]

①連日（れんじつ）の暑さのせいで、庭（にわ）の花が全部枯（か）れてしまった。
②部屋（へや）のエアコンが古いせいで、音がうるさくてよく寝（ね）られない。
③ごめん。ぼくのせいで君（きみ）にまで迷惑（めいわく）かけちゃって。
④舞台（ぶたい）の本番前（ほんばんまえ）で、緊張（きんちょう）しているせいか、すごくのどがかわく。
⑤気のせいか、駅前（えきまえ）のパン屋のパンが小さくなったような気がする。

＊「気（き）のせい」は「何（なん）となくそう思う」という意味（いみ）の慣用表現（かんようひょうげん）。
　"気（き）のせい" is an idiomatic expression meaning something along the lines of "it must be my imagination."

▶答え　別冊P.10

1）今年の夏は涼しいせいか、　　　　　　・　　　　・a 海水浴客が例年より少ない。

2）ビルができたせいで、　　　　　　　　・　　　　・b ウイルスに感染してしまった。

3）彼女が休みのせいか、　　　　　　　　・　　　　・c 屋上から富士山が見えなくなった。

4）ウイルスソフトが入ってなかったせ・　　　　・d 今日は田中君は元気がない。
　　いで、

98　ゆきのことだから　★★

どう使う？

「〜のことだから」は、よく知っている人などの名前をあげ、その人の性格から考えると、きっと〜だろうと言うときに使う。
Use "〜のことだから" when you say the name of, for example, a familiar person, and that, considering the person's personality, that person will most likely do "〜".

N ＋ のことだから
＊ **N** は人名や会社などの組織名が入る。
N is the name of a person, or of an organization, such as a company.

①鈴木選手のことだから、本番ではさらにすばらしい演技を見せてくれるでしょう。

②A：リンさんが引っ越して、さびしくなったね。元気かな。
　B：彼女のことだから、元気でがんばっているんじゃないかな。

③A：小山さん、まだ来ていませんね。間に合うでしょうか。
　B：小山さんのことだから、きっとまた遅刻ですよ。先に行きましょう。

④御社のことですから、今までにないまったく新しいタイプの製品を作ってくださると期待しています。

1）やさしい花井さんのことだから、　　　　　　　・　　　・a　この資料の取り扱いには注意してくれ。

2）君のことだから大丈夫だと思うが、　　　　　・　　　・b　今年も抜群のチームワークを見せてくれるだろう。

3）クロのことだから、　　　　　　　　　　　　・　　　・c　頼めばやってくれるでしょう。

4）練習熱心なABKチームのことだから　　　　・　　　・d　雨でも散歩に行きたがるだろう。

87
〜
98

Check 📖

1）この服、かわいいけど、ちょっと子ども ＿＿＿＿＿ かな？

2）パソコンがこわれた ＿＿＿＿＿ 、レポートをしめ切りまでに出せなくなってしまった。

3）優秀な山本刑事の ＿＿＿＿＿ 、もう犯人がわかっているはずだ。

4）「日本人の ＿＿＿＿＿ 納豆が食べられないんですか」と留学生に言われた。

> せいで　　っぽい　　くせに　　ことだから

▶答え　別冊P.19

問題1 〈文法形式の判断〉

次の文の（　　　）に入れるのに最もよいものを、1・2・3・4から一つえらびなさい。

__1__　A：マリさんに通訳頼んだら、できないって言われちゃった。
　　　B：えー！　アメリカの高校を卒業したんだから、（　　　）わけがないのに…。

1　話した　　　　　**2**　話せる　　　　　**3**　話す　　　　　**4**　話せない

__2__　A：あのピアス、気に入ってたんでしょう。もうちょっと探してみようよ。
　　　B：ありがとう。でも、もういいよ。この人混みじゃ、見つかり（　　　）よ。

1　っこない　　　　**2**　ましょう　　　　**3**　そうだ　　　　**4**　きります

__3__　A：え？　雨なのにディズニーランド行くの？
　　　B：雨が降っている（　　　）行くんだよ。きっとすいてるよ。

1　からといって　　**2**　からこそ　　　**3**　からには　　　**4**　からでないと

__4__　兄は答えを知っている（　　　）、「自分で考えろよ」と言って教えてくれないんだ。

1　最中に　　　　　**2**　うちに　　　　　**3**　くせに　　　　**4**　わけがないので

__5__　A：パソコンの操作間違えて、データ削除しちゃったんだ。どうしよう！
　　　B：それは正直に謝る（　　　）でしょ。

1　しかない　　　　**2**　わけがない　　　**3**　ことがある　　**4**　ところだ

__6__　A：風邪なんでしょう。会社休めば？
　　　B：年末の忙しい時期に風邪（　　　）、休めないよ。

1　だからこそ　　　**2**　なんかで　　　　**3**　さえ　　　　　**4**　のくせに

__7__　おいしい（　　　）、そんなに食べると、おなかをこわすよ。

1　からといって　**2**　といえば　　　　**3**　からこそ　　　**4**　くせに

__8__　化粧品は高ければいい（　　　）ので、使ってみて自分に合ったものを選びましょう。

1 とは限<ruby>かぎ</ruby>らない　　　　**2** かと思う

3 に決<ruby>き</ruby>まっている　　　　**4** しかない

次の文の___★___に入る最もよいものを、1・2・3・4から一つえらびなさい。

1　親友<ruby>しんゆう</ruby>だと_____ _____ _★_ _____きびしいことも言うんだよ。

　　1　からこそ　　　**2**　いる　　　**3**　思って　　　**4**　ときには

2　修理<ruby>しゅうり</ruby>したのにまた動かなくなった。やっぱり_____ _____ _★_ _____かなあ。

　　1　新しい　　　**2**　買う　　　**3**　エアコンを　　　**4**　しかない

3　授業中<ruby>じゅぎょうちゅう</ruby>、机<ruby>つくえ</ruby>の_____ _____ _★_ _____、先生に見つかって注意された。

　　1　ところを　　　**2**　メールを　　　**3**　打<ruby>う</ruby>っている　　　**4**　下で

4　必要<ruby>ひつよう</ruby>な_____ _____ _★_ _____、サプリメントばかりに頼らないで、きちんと食事をとってください。

　　1　手軽<ruby>てがる</ruby>に　　　**2**　からといって　　　**3**　栄養<ruby>えいよう</ruby>が　　　**4**　とれる

次の文章<ruby>ぶんしょう</ruby>を読んで、文章全体<ruby>ぶんしょうぜんたい</ruby>の内容<ruby>ないよう</ruby>を考えて、　1　～　4　の中に入る最もよいものを、1・2・3・4から一つ選<ruby>えら</ruby>びなさい。

木村<ruby>きむら</ruby>：高橋<ruby>たかはし</ruby>さん、サークルのボウリング大会、行かないの？

高橋<ruby>たかはし</ruby>：うーん、ごめん。

木村：どうして？

高橋：私、したことないから…。

木村：大丈夫、コーチの資格<ruby>しかく</ruby>を持っている伊藤先輩<ruby>いとうせんぱい</ruby>も一緒<ruby>いっしょ</ruby>だから。伊藤先輩<ruby>いとうせんぱい</ruby>　1　、きっとていねいに教えてくれるよ。

高橋：だめだめ。教えてもらっても、でき　2　よ。運動苦手<ruby>にがて</ruby>だし…。

伊藤：木村さん、どうしたの？

木村：あ、ちょうどよかった。伊藤先輩、高橋さん、やったことがないから、ボウリ

　　　ング大会、行かないって言っているんです。

伊藤：高橋さん、行こうよ、みんなで行く　3　、楽しいんだよ。ボウリング　4

　　　簡単だよ。よかったら教えるよ。

高橋：そうですか。じゃ、行ってみようかな。

1	**1** のとおりに	**2** のおかげで	**3** のために	**4** のことだから

2	**1** っこない	**2** っぽい	**3** かけだ	**4** きれない

3	**1** ばかりでなく	**2** くせに	**3** からこそ	**4** からといって

4	**1** なんか	**2** といったら	**3** によると	**4** らしい

問題4 〈聴解〉

1 この問題では、絵を見ながら質問を聞いてください。矢印（→）の人は何と言いますか。
1から3の中から、最もよいものを一つ選んでください。

1　2　3　　　　　　　　　　　　　　🎧55

2 この問題では、問題用紙に何も印刷されていません。まず文を聞いてください。それから、
その返事を聞いて、1から3の中から、最もよいものを一つえらんでください。

1	**1　2　3**	🎧56

2	**1　2　3**	🎧57

3	**1　2　3**	🎧58

できること

●困った状況とそのときの心情について、具体的に説明したり表現したりすることができる。
Precisely explain a troubling situation and express a sentiment felt then.

(59)

知子：もしもし、ゆき、今日の練習どうして休んだの？

ゆき：ごめんね。風邪ひいちゃったの。

知子：大丈夫？

ゆき：ずっと風邪**気味**で、先週の日曜日から熱が出て…。公演も近いから、寝て**なんか**いられ**ない**って思ったんだけど…。

知子：病院、行った？

ゆき：ううん。ふらふらして、起き上がること**さえ**できない**くらい**ひどい状態で…。電話できなくてごめん。

知子：具合悪いんだから、しかたがないよ。

ゆき：ずっと寝てたもんだから、服も脱ぎ**っぱなし**だし、台所もごみ**だらけ**だし…。なんか、悲しくなっちゃった。

知子：どうしたの？　弱気になっ**たりして**…。ゆき**らしく**ないなあ。

ゆき：うん。

知子：でも、病気のときはだれでも心細いよね。

どう使う？

「〜気味」は、今の状態は少し〜の感じがすると言いたいときに使う。
Use "〜気味" when you want to say that the current situation seems somewhat "〜".

V-ます
N
] + 気味

①このところ残業続きで、寝不足気味だから、今日は早く帰るよ。
②4月になっても寒い日が続いていて、桜の開花も例年より遅れ気味だとのことです。
③夏バテ気味の方には、野菜がたっぷり入ったこの冷たいうどんがおすすめです。
④経済政策の効果が表れず、大統領の支持率が下がり気味だ。

やってみよう！

▶答え　別冊P.10

1）A：川に落ちた子どもを助けた人がいたんだ。普通のサラリーマン

　　　　（っぽい・気味の）人だったけど…。

　　B：へえー、かっこいいね。

2）レポートもたくさんあるし、期末試験の準備もあるし、最近疲れ

　　　（っぽい・気味だ）。

3）生まれつき髪が茶色（っぽい・気味な）ので、いつも染めているのかと聞かれます。
4）初めてのテレビ出演で、彼は少し緊張（っぽかった・気味だった）。

どう使う？

「〜なんかいない」は、〜ていないことを強調したいときに使う。「〜なんかいられない」と、可能形を使うことも多い。「〜なんて」も同じように使う。
Use "〜なんかいない" when you want to emphasize that "〜" is not true. The potential form "〜なんかいられない" is also often used. You can also use "〜なんて" in the same way.

V-て ＋ なんかいない

①泣いてなんかいません。目にゴミが入っただけです。

②A：そんなに怒らないでよ。

　B：怒ってなんかいません。あなたのことを心配しているから言っているんですよ。

③A：先週も日曜日出勤だったでしょう。今日は休んだら？

　B：休んでなんかいられないよ。部下が２人もやめちゃったんだから。

④年末は忙しくて、のんびり昼ご飯を食べてなんかいられないんです。

やってみよう！

▶答え　別冊P.10

1）試合に負けたぐらいで　　　　　　　　　　　・　　　・a 寝てなんかいられない。

2）せっかくディズニーランドへ来たんだから　・　　　・b こわれてなんかいないよ。

3）午前３時からワールドカップの試合の放送が・　　　・c じっとしてなんかいられな
　　あるんだから　　　　　　　　　　　　　　　　　　　　いよ。

4）このテレビ、プラグが抜けているだけで、　・　　　・d 落ち込んでなんかいられ
　　　　　　　　　　　　　　　　　　　　　　　　　　　ないよ。

「いA 　く ＋ なんかない」「なA ／ N ＋ なんかじゃない」の形も使われる。

★★

①A：ご両親に会えなくてさびしいでしょう？

　B：大丈夫です。友だちも先生もいるからさびしくな
　　んかないです。

②A：きれいな人だね。恋人？

　B：恋人なんかじゃないよ。ただのクラスメイトだよ。

☞　66　こちら**なんか**いかがですか
　　90　演劇**なんか**しても

どう使う？

「〜さえ」は、極端な例を出して、強調したいときに使う。後ろには否定形が使われることが多い。

Use "〜さえ" when you want to emphasize something by giving an extreme example. The negative form is often used after this expression.

N ＋ ［助詞］ ＋ さえ

＊助詞「を・が・は」は省略される。そのほかは「助詞＋さえ」になる。

The particles "を・が・は" are dropped. The pattern with other particles is "particle＋さえ".

①来週から出張に行くのに、ホテルの予約はもちろん、航空券の予約さえしてない。

②ボクサーは試合の計量前には水さえ飲まないで、減量するそうです。

③母は転んで両手を骨折して、一人で食事することさえできなくなった。

④リンさんは友だちにさえ何も言わずに急に帰国してしまった。どうしたんだろう。

⑤あの山は、ベテランの登山家でさえ簡単には登れない山だ。

やってみよう！

▶答え　別冊P.11

例１）今日は財布を忘れてしまったので、ジュース（さえ・**も**）買えない。

例２）パンと牛乳を買いました。それから果物（さえ・**も**）買いました。

１）　A：旅行、どこへ行きましたか。

　　　B：大阪と京都へ行きました。神戸（さえ・も）行きました。

２）　日本へ来たばかりのときは、ひらがな（さえ・も）書けなかった。

３）　社会人向けの講演会ですが、学生さん（さえ・も）参加できますよ。

４）　この店は料理（さえ・も）デザート（さえ・も）食べ放題です。

５）　人気歌手の握手会に行ったら、人が多くて顔を見ること（さえ・も）できなかった。

「 V-て ＋ さえ」の形も使われることがある。　★

①加藤さんはあさってまでにレポートを書かなければならないのに、まだ資料を集めてさえいない。

②彼は自分がだまされたことに気づいてさえいないらしいね。

102　起き上がることさえできない**くらい**ひどい　★★★

どう使う？

「〜くらい」は、「痛いくらい強く握手した」など、「〜ほど」と同じように、その状態が普通ではないことを表すときに使う。「そうじくらい手伝って」のように「最低でもそれだけは」と言うときにも使う。

Use "〜くらい" the same way as "〜ほど" when you say that the situation is not normal, for example as in "痛いくらい強く握手した". You can also use this expression to say "at the very least," as in "そうじくらい手伝って".

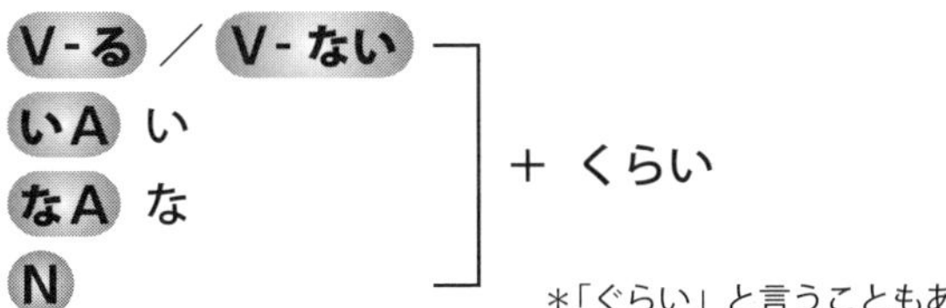

V-る ／ **V-ない**　┐
いA い　　　　　　│
なA な　　　　　　├ ＋ **くらい**
N　　　　　　　　┘

＊「ぐらい」と言うこともある。

①昨日の地震は、座っていられないくらい強くゆれた。

②この前のテストは自分でもおどろくくらいよくできました。

③何度も連絡したのに。いくら時間がなくても、メールを見るぐらいできたでしょう？

④A：すぐ失礼しますので…。

　　B：せめてお茶ぐらい飲んでいってください。

⑤緊張して、食事ものどを通らないくらいだった。🔗

⑥かっこいいくつを見つけて値札を見たら、目が飛び出るくらい高くておどろいた。🔗

やってみよう！

▶答え　別冊P.11

1）1年フランス語の勉強をして、　　　・　　　・a 母はいつも食べきれないくらい料理を作ってくれる。

2）子どものとき、ケーキを食べておなかをこわしてから、　　　・　　　・b やっと旅行で困らないくらい話せるようになった。

3）昨日はのどが痛くて、　　　・　　　・c 見るのもいやなくらい嫌いになってしまったんです。

4）国へ帰ると、　　　・　　　・d 水も飲めないくらいでした。

どう使う？

「〜っぱなし」は、「〜」のあと、すべきことをしないで、そのままにしておくのはよくないと思っているときに使う。〜し続けているので困ると言うときにも使う。
Use "〜っぱなし" when you think it is not good to neglect doing what one should do after "〜" and leave things as they are. You can also use this expression when you say that a continuation of "〜" is a problem.

V-ます ＋ っぱなし

①自転車を駅前に置きっぱなしにしたら、持っていかれてしまった。

②私はよく部屋の電気をつけっぱなしにして、母に注意される。

③旅行の間、1週間も部屋を閉めっぱなしだったから、空気を入れかえよう。

④田中さんは、もう1時間もカラオケで歌いっぱなしだ。

⑤今日は、ミスばかりで、先輩にしかられっぱなしだった。

やってみよう！

▶答え　別冊P.11

1）DVDを2週間借りっぱなしにして　　　　　　・a　ドロドロに溶けていた。
　　いたら、

2）2階の窓を開けっぱなしにしていた　　　　　・b　そこから泥棒に入られてしまった。
　　ので、

3）水を出しっぱなしで歯を磨くと、　　・　　　・c　返すとき1000円も料金を取られた。

4）ポケットに入れっぱなしだったチョ　・　　　・d　5.4リットルの水が無駄になるそう
　　コレートが　　　　　　　　　　　　　　　　　　です。

104　ごみだらけだし　★★

どう使う？

「〜だらけ」は、泥やしわなど汚いものがたくさんついているとき、間違いなどマイナスの評価のものがたくさんあるときに使う。
Use "〜だらけ" when there are many dirty things such as mud or wrinkles, or when there is a lot of something that is bad, such as mistakes.

N ＋ だらけ

①雨の日にサッカーの試合をしたので、ユニフォームも
　　くつも泥だらけになった。
②冷蔵庫の奥からカビだらけのチーズが出てきた。
③犬を家の中で飼っていて、部屋がすぐ毛だらけになる
　　のでそうじが大変なんです。
④医学的に見たら、間違いだらけのダイエット方法が多いらしい。

やってみよう！

▶答え　別冊P.11

1）スーツを着たまま寝てしまって、　・

2）まだ入社したばかりなので、　・

3）本棚を動かしたら、　・

4）買ったばかりのスーツケースだっ・
　　たのに、

・a　1回旅行に行っただけで、きずだら
　　けになった。

・b　後ろのかべがほこりだらけだった。

・c　しわだらけになってしまった。

・d　知らないことだらけで毎日大変で
　　す。

105　弱気になったりして　★

どう使う？

「〜たりして」は、ふだんと違う相手の様子を柔らかく言うときや、指示を柔らかく伝えるとき
に使われる。

"〜たりして" is used when you gently say that another person's appearance is different
from normal, or when you gently give an instruction.

V-た ＋ りして

①彼女、急に泣いたりして、どうしたんだろう？

②A：どうしたの？　着物着たりして。どこか行くの？

　B：今日は友だちの結婚式なの。

③バスの窓から手を出したりしてはいけませんよ。

④ここは図書館ですから、大きい声で話したりしないでください。

 34　優勝したりして？

どう使う？

「〜らしい」は、「〜」の特徴がよく表れているときに使う。
Use "〜らしい" when a characteristic, " 〜 ", is very visible.

N ＋ らしい

①桜が咲いて春らしい季節になりました。
②今年就職した息子は、やっと最近社会人らしくなってきた。
③ぼくは子どものころ、泣くといつも祖父に「男らしくないぞ」と怒られた。
④A：田中さん、毎週病院でボランティアをしているんだよ。やさしい人だよね。
　B：うん、田中さんらしいね。

やってみよう！

▶答え　別冊P.11

1）窓の外には南の国（らしい・らしくない）景色が見える。
2）あの人は背も高くないし、やせているし、お相撲さん
　　（らしい・らしくない）けど、強いんですよ。
3）今年の梅雨は、ぜんぜん雨が降らなくて梅雨
　　（らしい・らしくない）。

1）

▶答え　別冊P.11

1）風が涼しくなって、すっかり秋　＿＿＿＿＿　なりましたね。

2）すみませんが、風邪　＿＿＿＿＿　なので、お先に失礼します。

3）私はゆでたまご　＿＿＿＿＿　作ったことがないので、留学して一人暮らしできるかどうか不安です。

4）お気に入りのソファーを猫がきず　＿＿＿＿＿　にしてしまい、使えなくなってしまった。

気味　　さえ　　らしく　　だらけ

5）2年間研究を続けて、やっと論文ができたときには、うれしくて叫びたい　＿＿＿＿＿　でした。

6）書類を机の上に出し　＿＿＿＿＿　にしていたら、風で飛んでしまった。

7）うそをついて　＿＿＿＿＿　いないよ。本当に見たんだよ。

くらい　　なんか　　っぱなし

できること

- 困った状況とそのときの心情について、具体的に説明したり表現したりすることができる。
Precisely explain a troubling situation and express a sentiment felt then.

🎧 **60**

知子：具合はどう？

ゆき：あ、知子？　お母さん**かと思った**。

知子：**心配だから**、様子見にきた。おかゆ、買ってきたよ。アイスクリーム**とか**みかん**とか**いろいろあるよ。冷蔵庫に入れとくね。

ゆき：ありがとう。

知子：気にしないで。自分の買い物の**ついでに**、ちょっと買ってきただけだから。

ゆき：ごめん、助かるわ。

知子：練習好きのゆきが休むから、何かあった**に違いない**と思ったら…。

ゆき：うん。これ**ほど**つらい風邪はひいたこと**ない**よ。

知子：ちゃんと治してね。来週の舞台、ゆき**ぬき**ではできないんだから。

ゆき：ありがとう。私も早く練習したく**てしょうがない**んだけど…。

知子：でも、無理しないでね。

107　お母さんかと思った　　★★

どう使う？

「〜かと思った」は、「日本人かと思ったら、留学生だった」のように、最初考えたこととは違う結果だったり、誤解していたときに使う。

Use "〜かと思った" when your initial impression ends up being wrong or when you misunderstand something, as in "日本人かと思ったら、留学生だった".

PI ＋ かと思った

［**なA**だ　**N**だ］

①A：あの人、新しく来た課長さんよ。

　B：え、本当！? 若そうだから、新入社員かと思ったよ。

②A：遅れてごめん。寝坊しちゃった。

　B：いいけど…。約束、忘れちゃったかと思った。

③100点取って、先生に呼ばれたから、ほめられるかと思ったら、遅刻が多いと注意された。

④10キロも走らされて、死ぬかと思ったよ。🔗

やってみよう！　　　　　　　　　　　　　　　　　　▶答え　別冊P.11

１）試験が難しかったのでだめかと思ったが、
　　（不合格で残念だった・合格できてよかった）。

２）定期を忘れたかと思ったら、（かばんの中に入っていた・家に置いてきた）。

３）今日は雨が降るかと思ったが、（大雨になった・すごくいい天気になった）。

４）やっと仕事が終わったかと思ったら、
　　（もう１つ残っていた・けっこううまくできた）。

どう使う？

「〜とか」は、「〜や〜など・〜たり〜たり」のように、例を出すときに使う。
Use "〜とか" when you give examples, like you do with "〜や〜など・〜たり〜たり".

N
V-る] ＋ とか

①私の学校では数学とか物理とか、理科系の科目の時間数が多くて、いい先生がたくさんいる。

②出席率のいい学生は、奨学金がもらえるとか学費が安くなるとかいろいろなメリットがある学校もある。

③進路を決めるのは大切なことだから、いろいろ調べるとか先輩に相談するとかしたほうがいいと思うよ。

④私はスポーツを見るのが大好きで、野球とかよく見に行きます。

⑤日本にはスキーができるところがたくさんありますよ。長野県とか…。

やってみよう！

▶答え　別冊P.11

1）以前はぜんぜん料理ができませんでしたが、＿＿＿＿＿＿＿＿＿　とか
＿＿＿＿＿＿＿＿＿　とか、簡単なものは自分で作れるようになりました。

2）この店には　＿＿＿＿＿＿＿＿＿　とか　＿＿＿＿＿＿＿＿＿　とか外国の人が
喜びそうな絵はがきがたくさん置いてある。

3）休みの日には　＿＿＿＿＿＿＿＿＿　とか　＿＿＿＿＿＿＿＿＿　とか、自分の
時間を大切にしたいと思っています。

4）パーティーの準備、大変でしょう。＿＿＿＿＿＿＿＿＿　とか
＿＿＿＿＿＿＿＿＿　とか、何でも手伝うから言って。

富士山　　映画を見る　　カレーライス　　桜　　スパゲティ
お皿を並べる　　好きな音楽を聞く　　いすを運ぶ

どう使う？

「〜ついでに」は、何かをする機会(きかい)を利用(りよう)してほかのことをすると言うときに使う。
Use "〜ついでに" when you take advantage of another action to do something else.

V-る ／ **V-た**
N の　　　　＋ ついでに

＊「ついでに」だけでも使われる。

①薬局(やっきょく)へ薬を買いに行ったついでに、トイレットペーパーも買ってきた。

②買い物のついでに、前から一度行ってみたかったカフェに寄(よ)ったが、期待(きたい)したほどじゃ

　なかった。

③A：ちょっとコンビニ行ってくる。

　B：じゃあ、ついでにパン、買ってきて。

やってみよう！

▶答え　別冊P.11

1）京都(きょうと)へ出張(しゅっちょう)するついでに、　　　・　　　・a 台所からみかん持ってきて。

2）図書館へ本を返しに行ったついで・　　　・b 大阪(おおさか)にいる友人(ゆうじん)に会いに行こうと思っ
　に、　　　　　　　　　　　　　　　　　　　　　ている。

3）いつも、晩(ばん)ご飯を作るついでに、　・　　　・c このCD、借りてきたんだ。

4）あ、立ったついでに、　　　　　　　・　　　・d 翌日(よくじつ)のお弁当(べんとう)も作っています。

4）

どう使う？

「〜に違(ちが)いない」は、絶対(ぜったい)に、確(たし)かに〜だと思うと言うときに使う。
Use "〜に違いない" when you say that you are absolutely sure or have no doubt about
something.

PI ＋ に違いない

［ なA だ　N だ］

①この絵をかくのに何百時間もかかったに違いないと思う。

②そう遠くない将来、宇宙旅行は日常的に行われるようになるに違いないと期待されている。

③田中選手は優勝するに違いないと言われていたが、2位に終わってしまった。

④今後も少子化の傾向は続いていくに違いありません。早急な対策が望まれます。

⑤黒い服の男がうちの玄関を開けようとしていた。あの男は泥棒に違いない。

✚ Plus

〜に相違ない ★ 

「〜に相違ない」という言い方もある。

①今回の企業買収には裏で大物政治家の力が働いていたに相違ないとうわさされている。

②この建物は200年以上前に作られたものに相違ないと専門家は話している。

111 これほどつらい風邪はひいたことないよ ★★

どう使う？

「〜ほど…（は）ない」は、「〜」がいちばん…だと強調したいときに使う。
Use "〜ほど…（は）ない" when you want to emphasize that "〜" is the most "…".

N ＋ ほど…（は）ない

＊「 V-る （こと）＋ ほど…（は）ない」の形も使われる。

①A：佐藤先輩って、ほんとにいい人だよね。

　B：うん。私も佐藤先輩ほどやさしい人はいないと思う。

②夏は毎年暑いけど、今年ほど暑い夏はないんじゃないかなあ。

③病人にとって家族や友人の励ましほど、力になるものはないんですよ。

④海外旅行から帰って、やっぱり自分の国ほど住みやすいところはないと実感した。

⑤雷が鳴っているときに高い木の下にいることほど危険なことはない。

やってみよう！

1）今までたくさんの映画を見たが、この・
　　映画ほど

2）3年間練習を重ね、やっと優勝する・
　　ことができて、これほど

3）小川さんほど、　　　　　　　　　　・

4）私にとって、この図書館ほど　　　　・

・a 落ち着いて勉強できるところは
　　ない。

・b 感動したものはなかった。

・c 楽しくて明るい人はいない。

・d うれしいことはない。

☞　7　立っているのもつらい**ほど**
　　44　もも肉**ほど**あぶらが多く**ない**
　　57　木が育て**ば**育つ**ほど**

112　ゆきぬきではできない　★

どう使う？

「〜ぬきで」は、普通はその中にあるものがなかったり、通常そこにいる人がいなかったりする状態を言うときに使う。

Use "〜ぬきで" when you describe a situation in which something usually found in something is not there, or when a person usually found somewhere is not there.

N ＋ ぬきで

①キャプテンがけがをしたので、来週の試合はキャプテンぬきで戦わなければならなくなってしまった。

②子ども用にわさびぬきでお寿司を作ってもらった。

③今日の忘年会は仕事の話ぬきで楽しみましょう。

④高橋さんの講演はお世辞ぬきでとても役に立つお話だった。🔗

113　練習したくてしょうがない　★★

どう使う？

「〜てしょうがない」は、心や体の状態がとても〜だ、我慢できないぐらい〜だと言うときに使う。

Use "〜てしょうがない" when you say that a person's mental or physical condition is very "〜", or that a person is so "〜" that he or she can not resist doing something.

V-て
いA ～くて
なA で
＋ しょうがない

①空気が乾燥しているせいか、のどがかわいてしょうがない。

②寝不足だし、昼ご飯を食べたばかりだし…。眠くてしょうがない。

③前からほしくてしょうがなかったギターがやっと買えた。

④A：なぜあの俳優は人気があるのか、不思議でしょうがないよ。

　B：ほんと、ほんと。

やってみよう！
▶答え　別冊P.11

1）A：毎日ちゃんと食事をしているのに、なぜか ＿＿＿＿＿＿＿＿ しょうがないの。

　B：そういうときは太るのよ。気をつけたほうがいいよ。

2）A：エアコンがこわれてしまって、＿＿＿＿＿＿＿ しょうがないんです。

　B：それは大変ですね。早く修理に来てくれるといいですね。

3）お年寄りが立っているのに、平気で座っている人を見ると、＿＿＿＿＿＿＿ しょうがない。

4）まだ大学2年生ですが、就職のことを考えると ＿＿＿＿＿＿＿ しょうがなくなるんです。

暑い　　不安だ　　はらが立つ　　おなかがすく

✚ Plus

〜てしかたがない／〜てたまらない　　★

「〜てしかたがない／〜てたまらない」という言い方もある。

①となりの人のヘッドホンから聞こえてくる音が、気になってしかたがないことがある。

②あちこち蚊に刺されて、かゆくてたまらない。

③山田さんは一人暮らしを始めた娘さんの様子が心配でたまらないようだ。

▶答え　別冊P.12

1）いくら時間がなくても、あいさつ ＿＿＿＿＿＿、すぐに用件を話すのは失礼でしょう。

2）ガーデニングは絶対にしたくないの。この世で毛虫 ＿＿＿＿＿＿ 嫌いなものはないから。

3）夏休みは自然の中で過ごしたいなあ。涼しい高原 ＿＿＿＿＿＿ …。

ほど　　ぬきで　　とか

4）台所へ行った ＿＿＿＿＿＿＿＿、冷蔵庫からジュースを出して飲んだ。

5）山本さんは、朝からうれしそうだ。
何かいいことがあった ＿＿＿＿＿＿＿＿。

6）彼女からメールの返事が来ないので、嫌われた ＿＿＿＿＿＿＿＿ が、返事が来てうれしかった。

7）昨晩は残業のあと飲み会もあったので、朝から眠くて ＿＿＿＿＿＿＿＿。

ついでに　　に違いない　　しょうがない　　かと思った

▶答え 別冊P.19

問題1 〈文法形式の判断〉

次の文の（　　　）に入れるのに最もよいものを、1・2・3・4から一つえらびなさい。

1　最近少し太り（　　　）から、食事に気をつけているんです。

1 っこない　　　　　　　　　　**2** っぽい

3 だらけだ　　　　　　　　　　**4** 気味だ

2　A：かわいい袋。あき子の手作り？
　　B：まさか！ シャツのボタン（　　　）つけたことないのに…。

1 だけ　　　**2** くらい　　　**3** さえ　　　**4** ほど

3　昨日徹夜したせいで、目を開けていられない（　　　）眠いんだ。

1 ように　　　**2** くらい　　　**3** とおりに　　　**4** そうに

4　エアコンを（　　　）寝ると、のどが痛くなりますよ。

1 つけっぱなしで　　　　　　　　**2** つけそうに

3 つけきって　　　　　　　　　　**4** つけたところを

5　猫を抱いたら、セーターが毛（　　　）になってしまった。

1 しか　　　**2** っぽい　　　**3** 気味　　　**4** だらけ

6　涼しいから夏に北海道へ行く人が多いですが、夏より冬のほうが
　　北海道（　　　）景色が見られると思いますよ。

1 どおりの　　　**2** ばかりの　　　**3** ほど　　　**4** らしい

7　旅行中にパスポートを盗まれたとき（　　　）困ったことはなかった。

1 さえ　　　　　　　　　　　　**2** ほど

3 だけ　　　　　　　　　　　　**4** のことといったら

8 太陽などの自然エネルギーの開発（　　　　）、これからのエネルギー問題は
語れないだろう。

    1　をぬきにして　　**2**　によって　　　　**3**　といえば　　　　**4**　について

9 母が宝くじ1億円当たったなんて言うから、冗談かと思ったら（　　　　）。

    1　冗談だった　　**2**　本当だった　　**3**　おどろいた　　**4**　喜んだ

問題2 〈文の組み立て〉

次の文の＿★＿に入る最もよいものを、1・2・3・4から一つえらびなさい。

1 A：現在、作業はどのぐらい進んでいますか。
　　B：予定より＿＿＿＿　＿＿＿＿　＿★＿　＿＿＿＿が、問題はありません。

    1　少し　　　　　　**2**　です　　　　**3**　気味　　　　**4**　遅れ

2 彼は、山＿＿＿＿　＿＿＿＿　＿★＿　＿＿＿＿ないだろうと語った。

    1　すばらしい　　**2**　ところ　　　**3**　は　　　　　**4**　ほど

3 このクッキー、昨日デパートへ＿＿＿＿　＿＿＿＿　＿★＿　＿＿＿＿んだけど、
おいしいよ。

    1　ついでに　　　**2**　行った　　　**3**　買って　　　**4**　きた

問題3 〈聴解〉

1 この問題では、まず質問を聞いてください。それから話を聞いて、問題用紙の1から4の
中から、最もよいものを一つえらんでください。

    1　資料をコピーする　　　　　　　　**2**　お客さんのところへ謝りに行く

    3　山岡さんと仕事をする　　　　　　**4**　お客さんに電話をかける

2　この問題では、問題用紙に何も印刷されていません。まず文を聞いてください。それから、その返事を聞いて、1から3の中から、最もよいものを一つえらんでください。

<table>
<tr><td>1</td><td>1　2　3</td><td>62</td></tr>
<tr><td>2</td><td>1　2　3</td><td>63</td></tr>
<tr><td>3</td><td>1　2　3</td><td>64</td></tr>
</table>

付録 Appendix

似ている文型リスト〈N3レベル〉 Similar Sentence Pattern List〈Level N3〉

文型	例文	レベル	番号	ページ
～うちに	今はまだ上手じゃなくても、練習を重ねるうちにできるようになるよ。	N3	68	p.108
	アイスクリームが溶けないうちに食べよう。	N3	81	p.129
～かと思う	今週はちょっと難しいですが、来週なら時間が取れるかと思います。	N3	67	p.106
	A：あの人、新しく来た課長さんよ。 B：え、本当!? 若そうだから、新入社員かと思ったよ。	N3	107	p.167
～じゃない	A：山川さん、いないね…。 B：先に帰ったんじゃない？	N4		
	A：今度のクラス会、どこでする？ B：レストランABK、広くて、交通の便もいいじゃない。あそこがいいよ。	N3	37	p.64
～そうだ	外は、寒そうです。	N4		
	留学生はこれから増えそうです。	N4		
	空が暗くなってきた。雨が降りそうです。	N4		
	動物園でパンダの赤ちゃんが生まれたそうです。	N4		
	このカレーはあまり辛くなさそうですね。	N3	5	p.20
～ため（に）	家族のために、一生けんめい働きます。	N4		
	雨のためにハイキングは中止になりました。	N3	23	p.46
～たりして	A：佐藤さん、まだ来ないね。 B：もしかして寝てたりして…。	N3	34	p.61
	彼女、急に泣いたりして、どうしたんだろう？	N3	105	p.163
～って	A：今日、佐藤さんは休みですか。 B：ええ。さっき、電話で風邪をひいたって言ってました。	N4		
	さっき、上田さんって人が訪ねてきましたよ。お知り合いですか。	N3	11	p.31
	お金持ちだって、幸せじゃない人もいます。	N3	35	p.62
	山田さんって親切よね。	N3	38	p.65
～ていらっしゃる	小林先生はあちらで本を読んでいらっしゃいます。	N4		
	奥様は音楽の先生でいらっしゃいます。	N3	77	p.121

～てくる	申し込みのときに、身分証明書を持ってきてください。	N3	8	p.25
	朝から降っていた雨がやんで、ちょっと晴れてきた。	N3	64	p.104
～でしょうか	失礼ですが、どちら様でしょうか。	N4		
	山に登るとき、何か気をつけることがありますでしょうか。	N3	76	p.120
～と	春になると、桜が咲きます。	N4		
	気がつくと、外はすっかり暗くなっていた。	N3	6	p.22
～という	「礼状」はお礼の手紙という意味です。	N4		
	彼が有名な音楽家だということはあまり知られていない。	N3	3	p.18
	ニュースでは、今年は水不足の心配はないということです。	N3	29	p.52
	日本の花というと、桜がすぐ頭に浮かぶ。	N3	54	p.89
～ところ	今から友だちと出かけるところです。	N4		
	あくびしたところを写真に撮られたって、佐藤さん、怒ってたよ。	N3	49	p.80
～なら	サッカーのルールならわかるけど、野球のルールはぜんぜんわからない。	N4		
	台湾へ旅行に行くなら、11月がいちばんいいと思いますよ。	N3	10	p.26
～なんか	こちらのセーターなんかいかがでしょう。今年の流行色ですよ。	N3	66	p.106
	テレビなんかなくても、パソコンがあれば困らない。	N3	90	p.143
	泣いてなんかいません。目にゴミが入っただけです。	N3	100	p.158
～による	大学はアンケートによる満足度調査の結果を発表した。	N3	21	p.45
	今朝の天気予報によると、今週はずっと晴れるということです。	N3	28	p.51
	午前3時ごろ地震が発生しましたが、この地震による津波の心配はありません。	N3	58	p.94
	いろいろな人がいるのだから、人によって好みや考え方が違うのは当然だ。	N3	83	p.130
～ばいい	Ａ：早く今の仕事が終わればいいね。 Ｂ：うん、ちょっと大変な仕事だからね。	N4		
	このバイト、もう少し時給が高ければいいのになあ。	N3	70	p.110

～ばかり	最近雨ばかりで、洗濯物が乾かなくて困っています。	N3	41	p.68
	落語は最近、お年寄りばかりでなく若い女性にも人気が出てきた。	N3	59	p.95
	父は昨日退院したばかりなのに、今日から会社に出ている。	N3	69	p.109
～はず	A：山田君、A社に資料送ってくれた？ B：はい、昨日速達で出しましたから、遅くても明日には着くはずです。	N3	61	p.97
	A：田中さん、海外転勤の話を断ったんだって。 B：えー！ ずっと行きたがってたんだから、あの人が断るはずがないよ。	N3	87	p.141
～ほど	富士山に登って下りてきたときは、もう一歩も歩けないほど疲れていた。	N3	7	p.23
	今年の冬は去年ほど寒くないですね。	N3	44	p.74
	言葉を勉強すればするほどその国への理解も深まると言われている。	N3	57	p.93
	A：佐藤先輩ってほんとにいい人だよね。 B：うん。私も佐藤先輩ほどやさしい人はいないと思う。	N3	111	p.170
～みたい	ピアノみたいに大きくて重いものがあると、引っ越しが大変だね。	N3	27	p.51
	A：なんか疲れてるみたいだけど、仕事忙しいの？ B：そうじゃなくて、勤務地が変わって通勤が大変なんだ。	N3	39	p.66
	A：山田先生って、きびしいけど私たちのことほんとに心配してくれるよね。 B：そうそう、ちょっとお父さんみたい。	N3	42	p.73
～ようだ／ような／ように	A：教室の電気がついていますよ。 B：だれかいるようですね。	N4		
	インフルエンザのようなほかの人にうつる病気になったら、治るまで学校へ来てはいけないことになっています。	N3	27	p.50
	あのえんぴつのような形をしている建物は、電話会社のビルです。	N3	42	p.72
	A：すみません。仕事がまだ終わらなくて、ちょっと遅くなりそうなんです。 B：そうですか。じゃあ、6時過ぎるようなら先に行ってますね。	N3	63	p.103
	リンさんの部屋はまるで泥棒が入ったかのように散らかっている。	N3	80	p.128

～ように	約束の時間に遅れないように、早く家を出ました。	N4		
	A：健康のために、少し運動したほうがいいですよ。 B：じゃ、これから毎日1時間くらい歩くようにします。	N4		
	日本へ来たときは、なっとうが食べられませんでしたが、今は食べられるようになりました。	N4		
	日本へ来てから、自分で料理を作るようになりました。	N4		
	お母さんからも勉強するように言ってください。	N3	2	p.17
Vよう［意向形］＋と	A：夏休みはどうするんですか。 B：私は国へ帰ろうと思っています。 C：私は沖縄へ旅行に行こうと思っています。	N4		
	生まれたばかりの馬の赤ちゃんが、一生けんめい立とうとしている。	N3	17	p.37
～らしい	A：部長、この歌、最近若い人に人気があるらしいですよ。 B：ああ、最近よく聞くね。	N4		
	桜が咲いて春らしい季節になりました。	N3	106	p.164
～を通じて／通して	現在はインターネットを通して、すぐに世界中にニュースが広まる。	N3	26	p.49
	京都は1年を通じてたくさんの観光客が訪れる。	N3	52	p.87

N3 「できること」リスト　N3 Can Do List

章	章のタイトル	できること	文法項目
1	初めての富士登山 First climb up Mt. Fuji	●旅行などの初めての経験について、体験したことや考えたこと、感じたことが表現できる。 Talk about things you tried as well as your thoughts and feelings about trips and other new experiences.	1　登り**始めた** 2　持っていく**ように言われた** 3　病気になる人もいる**ということ** 4　大丈夫**だろうと思った** 5　大変じゃ**なさそうだった**
		●旅行などの初めての経験について、体験したことや考えたこと、感じたことが表現できる。 Talk about things you tried as well as your thoughts and feelings about trips and other new experiences.	6　登ってみる**と** 7　立っているのもつらい**ほど** 8　どんどん登っ**ていく** 9　登り**続けた** 10　上まで行きたい**なら**
2	ぼくの犬、クロ My pet dog Kuro	●ペットや家族を簡単に紹介したり、自分との関係を説明したりすることができる。 Present basic information about your pets and family, and explain your relationships with them.	11　クロ**って**名前 12　飼わ**せてもらった** 13　約束**させられた** 14　散歩に行きた**がって** 15　玄関を出た**とたん** 16　全速力で走り**出す**
		●ペットや家族との生活や、自分との関係を説明したりすることができる。 Explain how you live with your pets and family as well as your relationships with them.	17　帰**ろうとする** 18　コンビニに寄る**こともある** 19　待た**せておいて** 20　顔中なめ**られてしまう**
3	市民農園の募集 Applicants wanted for community garden	●参加者募集のお知らせを見て、申込方法などの内容が理解できる。 Read a recruitment announcement and understand the application process and other details.	21　インターネット**による**お申し込み 22　100区画の募集**に対して** 23　希望者が多い**ため** 24　1家族**につき**1区画 25　下記の**とおり**です
		●イベントなどについて、経験者の感想や活動内容から、様子がイメージできる。 Imagine what an event was like from a participant's impressions or activities they did.	26　野菜作り**を通して** 27　パーティー**のような**楽しいイベント 28　利用されている方のお話**によれば** 29　楽しかった**ということです** 30　農園の活動**について**詳しいことは

4	水泳大会 A swimming competition	●個人的なことについて、確認しながら、友だちとおしゃべりができる。 Talk with a friend about a private matter while confirming information.	31 毎日練習して**てるんだ** 32 応援に行か**なきゃ** 33 出るんだ**っけ** 34 優勝し**たりして**？
		●個人的なことについて、意見や感想を交えて、友だちとおしゃべりができる。 Talk with a friend about a private matter as you exchange opinions and impressions.	35 がんばっ**たって** 36 無理**に決まってる**よ 37 行かなきゃだめ**じゃない** 38 強い選手**って** 39 大変**みたい**だね 40 やっておけ**ばよかった** 41 遊んで**ばかり**だった
5	手作りハムのレシピ A recipe for homemade ham	●レシピを読んで、どんな料理か理解できる。 Read a recipe and understand what kind of food it is for.	42 本当のハムの**ように** 43 サンドイッチ**はもちろん、**ほかの料理に**も** 44 もも肉**ほど**あぶらが多く**ない** 45 はちみつの**かわりに**
		●レシピを読んで、料理の手順や注意が理解できる。 Read a recipe and understand the steps and advice.	46 とりむね肉を切ら**ずに** 47 ビニール袋に入れた**まま** 48 ボウルに**入れ** 49 ふっとうした**ところへ** 50 ２、３日で食べ**きって**ください
6	里山について Satoyama	●環境問題など、あるテーマについての発表で、問題提起と自分の意見が言える。 Pose a question and express your opinion during a presentation on a subject, such as environmental issues.	51 自然の**おかげ**で 52 四季**を通じて** 53 守りたいと思い**ませんか** 54 自然保護**というと** 55 そのまま残す**べき**だ 56 人**にとって**いい環境
		●環境など、あるテーマについて具体例から結論まで話し、全体としてまとまった発表ができる。 Give a full presentation on a subject, such as environmental issues, that includes specific examples and a conclusion.	57 木が育て**ば育つほど** 58 大雨**による**山崩れ 59 田舎**ばかりでなく**東京に**も** 60 里山へ行く**たびに** 61 すばらしさがわかる**はず**です

7	不動産屋で At a real estate agency	●店員が説明するていねいな表現を理解し、受け答えができる。 Understand an explanation given by a clerk using polite expressions and respond.	62 63 64 65 66 67	そのご予算ですと お時間があるようなら 人気が出てきたんです 借りたい人が増えているものですから こちらなんかいかがですか 便利かと思いますが
		●友だちと、最近の変化について話したり、強くアドバイスをしたりすることができる。 Talk about recent changes with a friend and emphatically give advice.	68 69 70 71	住んでいるうちに慣れる 卒業したばかりなんだから 見ればいいのに 見せてもらってもいいですか
8	就職の面接 A job interview	●初対面の人に敬意を示す基本的な表現を使って、あいさつや受け答えができる。 Use basic expressions that display humbleness to a person you have met for the first time in order to greet and respond to questions.	72 73 74 75 76 77 78	ご紹介いただきました お待ちしてました 来日前から存じ上げており 作品はお持ちですか ご覧いただけますでしょうか 専門家でいらっしゃる 始めさせていただきます
9	お花見 Cherry blossom viewing	●身近な話題について、個人的な考え方や感じ方を表現することができる。 Express personal thoughts and feelings about a familiar topic.	79 80 81 82 83	花が咲いてからでなければ 雪が降っているかのように 花が残っているうちに 花見客向けに 人によってその楽しみ方はそれぞれだ
		●特にこだわりがあるものなどについて、自分の気持ちを表現することができる。 Express your feelings, especially about something you particularly care about.	84 85 86	仕事の最中に やりかけの仕事 行かずにはいられなくなって

10	ゆきの選択 Yuki's choice	● 将来の展望について、自分の意見を強く主張することができる。 Strongly assert your opinion about the outlook for the future.	87 できる**わけがない** 88 この仕事**しかない** 89 心配している**からこそ** 90 演劇**なんか**しても 91 生活できっこ**ない** 92 大学を出た**からといって** 93 就職できる**とは限らない**
		● 身近な人について、やや批判的に評価を言うことができる。 Give a somewhat critical assessment of a familiar person.	94 がんこな**ことといったら** 95 何も知らない**くせに** 96 子どもっぽい夢 97 お父さんの**せい**ですよ 98 ゆき**のことだから**
11	友だちのお見舞い Visiting a sick friend	● 困った状況とそのときの心情について、具体的に説明したり表現したりすることができる。 Precisely explain a troubling situation and express a sentiment felt then.	99 風邪**気味**で 100 寝て**なんか**いられ**ない** 101 起き上がること**さえ**できない 102 起き上がることさえできない**くらい**ひどい 103 服も脱ぎ**っぱなし** 104 ごみ**だらけ**だし 105 弱気になっ**たりして** 106 ゆき**らしく**ないなあ
		● 困った状況とそのときの心情について、具体的に説明したり表現したりすることができる。 Precisely explain a troubling situation and express a sentiment felt then.	107 お母さん**かと思った** 108 アイスクリーム**とか**みかん**とか** 109 買い物の**ついでに** 110 何かあった**に違いない** 111 これ**ほど**つらい風邪はひいたこと**ないよ** 112 ゆき**ぬき**ではできない 113 練習したく**てしょうがない**

〈著者紹介〉
ＡＢＫ（公益財団法人 アジア学生文化 協 会）

　ＡＢＫは、1957年に作られ、日本語学校と留学生寮を運営している組織です。日本とアジア諸国の青年学生が共同生活を通じて、人間的和合と学術、文化および経済の交流をはかることにより、アジアの親善と世界の平和に貢献することを目的としています。学校では大学、大学院、専門学校への進学、就職などの学生のニーズに合わせて、日本語能力試験、日本留学試験の対策とともに、運用力をつける工夫をしながら、日本語教育を行っています。執筆者は全員ＡＢＫで日本語教育に携わっている講師です。姉妹団体に学校法人ＡＢＫ学館日本語学校（ABK COLLEGE）もあります。

監　修：町田恵子
執筆者：服部まさ江・新穂由美子・成川しのぶ・藤田百子
協力者：新井直子・内田奈実・遠藤千鶴・大野純子・掛谷知子・勝尾秀和・亀山稔史・國府卓二・
　　　　津村知美・萩本攝子・橋本由子・福田真紀・星野陽子・向井あけみ・森川尚子・森下明子・
　　　　吉田菜穂子

TRY！日本語能 力 試験N3　文法から伸ばす日本語
【音声ダウンロード版】［改訂版］

2013年　4月20日　初版　　　第1刷発行
2014年　4月10日　改訂版　　第1刷発行
2023年　8月30日　音声ダウンロード版　第1刷発行
2026年　3月16日　音声ダウンロード版　第8刷発行

翻　　　訳　　株式会社ラテックス・インターナショナル
イラスト・DTP　朝日メディアインターナショナル株式会社
カバーデザイン　岡崎裕樹（アスク）
ナレーション　　神田和佳　遠近孝一
録音・編集　　　スタジオ グラッド

発　行　人　　天谷修身
発　　　行　　株式会社 アスク
　　　　　　　〒162-8558 東京都新宿区下宮比町2-6
印刷・製本　　株式会社　光邦

書籍に関するお問い合わせ
PC https://ask-books.com/support/

Smartphone

1 初めての富士登山

1

▶問題 p.17

1）始め

2）終わった

3）終わった

2

▶問題 p.18

1）遅刻しないように

2）パンを買ってくるように

3）（部屋を）片付けるように

3

▶問題 p.19

1）連絡

2）結果

3）うわさ

4）こと

4

▶問題 p.19

1）d

2）a

3）b

4）c

5

▶問題 p.20

1）インフルエンザじゃなさそう

2）まじめじゃなさそう

3）強くなさそう

▶問題 p.21

1）食べられ

2）来

3）運べ

Check

▶問題 p.21

1）始めた

2）ように言われた

3）だろうと思う

4）そうもない

5）なさそう

6）という

6

▶問題 p.23

1）ケーキがあった

2）12時だった

3）雪が降っていた

7

▶問題 p.24

1）説明が聞こえない

2）おなかが痛くなる

3）専門家でも答えられない

8

▶問題 p.25

1）きた

2）いったら

3）いこう

9

▶問題 p.26

1）走り

2）守り
3）見
4）働き

3）起きられない
4）行く

▶問題p.40

20

1）b
2）c
3）d
4）a

Check
▶問題p.40
1）しようとしない
2）することもある
3）されてしまった

3 市民農園の募集

21

▶問題p.45
1）による
2）によって
3）によって

22

▶問題p.46
1）に対して
2）に対する
3）に対して

23

▶問題p.47
1）b
2）a
3）d
4）c

25

▶問題p.48
1）とおりに
2）なら
3）ように・とおりに

Check
▶問題p.48
1）のとおりに
2）によって
3）に対して
4）のために
5）につき

27

▶問題p.50
1）牛や馬
2）東京
3）ベッド
4）トンカツ

28

▶問題p.51
1）によれば
2）によって
3）によれば

29

▶問題p.52
1）c
2）d
3）a
4）b

30

▶問題p.53
1）について
2）についての

3）について
4）に対して

Check 📖
▶問題p.53
1）について
2）のような
3）によれば
4）を通じて
5）ということです

4 水泳大会

31
▶問題p.58
1）読んでおいて
2）調べておかなければ
3）やっていない
4）出さなければ

32
▶問題p.59
1）いけない
2）どうですか
3）ください

33
▶問題p.60
1）っけ・よ
2）っけ
3）よ・っけ
4）っけ

Check 📖
▶問題p.61
1）っけ
2）たりして
3）しなきゃ

35
▶問題p.63
1）便利だって
2）なくたって
3）よくたって
4）したって

36
▶問題p.64
1）に決まっている
2）ことがあります
3）に決まっている

37
▶問題p.65
1）a
2）a
3）b

39
▶問題p.66
1）d
2）c
3）b
4）a

40
▶問題p.67
1）b
2）a
3）b

41
▶問題p.68
1）c
2）a
3）d
4）b

5 手作りハムのレシピ

42
▶問題 p.73
1）ように
2）ような
3）ように
4）ような

43
▶問題 p.74
1）c
2）d
3）b
4）a

44
▶問題 p.75
1）b
2）c
3）d
4）a

45
▶問題 p.76
1）b
2）c
3）a
4）d

46
▶問題 p.78
1）d
2）c
3）b
4）a

47
▶問題 p.79
1）入れたまま
2）さして
3）読んで
4）つけたまま

48
▶問題 p.79
1）入れ
2）降り
3）専攻し／専攻され

49
▶問題 p.81
1）c
2）d
3）b
4）a

50
▶問題 p.82
1）きれない
2）きる
3）きれない

4）きれる

Check 📖
▶問題p.82

  1）読まずに

  2）見きれない

  3）持ったまま

6 里山について

51

▶問題p.87

1）送っていただいた

2）禁煙した

3）おかげで

4）ため

53

▶問題p.88

1）a

2）a

3）a

4）a

5）b

54

▶問題p.90　※答えの例

1）富士山

2）すし

3）サッカー

55

▶問題p.91

1）a

2）a

3）b

56

▶問題p.91

1）にとって

2）にとって

3）に対する

4）について

▶問題p.92

  1）は

  2）にとっては

Check 📖
▶問題p.92

  1）おかげで

  2）といえば

  3）べきです

  4）にとって

  5）んじゃないですか

57

▶問題p.94

1）d

2）c

3）b

4）a

58

▶問題p.95

1）c

2）d

3）a

4）b

59

▶問題p.96

1）b

2）d

3）a

4）c

▶問題 p.97

1）たびに
2）とき
3）たびに

▶問題 p.98

1）b
2）d
3）c
4）a

Check
▶問題 p.98

1）ばかりでなく
2）たびに
3）によって
4）ほど
5）はず

7 不動産屋で

▶問題 p.103

1）c
2）d
3）b
4）a

▶問題 p.104

1）a
2）c
3）b
4）d

▶問題 p.105

1）c
2）a
3）b

Check
▶問題 p.107

1）と
2）なんか
3）ものですから
4）ようなら

▶問題 p.109

1）d
2）a
3）b
4）c

▶問題 p.110

1）c
2）b
3）d
4）a

▶問題 p.111

1）c
2）a
3）b
4）d

▶問題 p.112

1）食べても
2）見てもらっても
3）取ってもらっても

　　4）借りても

Check
▶問題p.112
　1）持っててもらってもいい
　2）休めばいいのに
　3）やっているうちに

8　就職の面接

72
▶問題p.117
1）c
2）a
3）d
4）b

74
▶問題p.119
1）かけます
2）いただいて・ちょうだいします
3）ご存知ですか・かかります・存じ上げません

75
▶問題p.120
1）b
2）d
3）a
4）c

76
▶問題p.121
1）かかりますでしょうか
2）貸していただけますでしょうか
3）ご紹介いただけませんでしょうか
4）大丈夫でしょうか

77
▶問題p.121
1）いらっしゃいます・おります
2）ございます・いらっしゃる
3）いらっしゃいます・おります

78
▶問題p.122
1）させて
2）して
3）して
4）使わせて

Check
▶問題p.123
1
1）お目にかかれて
2）ちょうだいして
3）お目にかけたい
4）存じ上げて

2
1）ましょうか
2）ますでしょうか
3）お集まりいただき
4）ご講演くださる・ご活躍です
5）紹介させて

9　お花見

79
▶問題p.128
1）してからでなければ
2）してから
3）治ってからでないと
4）してから

▶問題 p.129

1）出かけている

2）忘れない

3）覚えている

▶問題 p.131

1）d

2）a

3）b

4）e

5）c

Check

▶問題 p.132

1）向け

2）からでないと

3）うちに

4）によって

▶問題 p.134

1）途中

2）最中

3）間

4）最中

5）うち

▶問題 p.134

1）食べかけの

2）言いかけて

3）書きかけた

Check

▶問題 p.136

1）数えている最中に

2）吸いかけの

3）話さずにはいられない

10 ゆきの選択

▶問題 p.141

1）安い

2）登れる

3）覚えられる

4）売れない

▶問題 p.142

1）c

2）d

3）a

4）b

▶問題 p.143

1）c

2）a

3）d

4）b

▶問題 p.144

1）d

2）c

3）a

4）b

▶問題 p.145

1）食べない・食べっこない

2）できない・できっこない

3）行かない・行きっこない

4）行けない・行けっこない

92

▶問題p.146

1）終わった
2）かわいい
3）ひまだ
4）下がった

93

▶問題p.146

1）とは限らない
2）に決まっている
3）に決まっている
4）とは限らない

Check

▶問題p.147

1）しかない
2）っこない
3）わけがない
4）とは限らない
5）からこそ
6）からといって
7）なんか

95

▶問題p.150

1）くせに・のに
2）くせに・のに
3）のくせに・なのに
4）くせに・のに

96

▶問題p.150

1）白
2）学生
3）手作り
4）薬

97

▶問題p.152

1）a
2）c
3）d
4）b

98

▶問題p.153

1）c
2）a
3）d
4）b

Check

▶問題p.153

1）っぽい
2）せいで
3）ことだから
4）くせに

11 友だちのお見舞い

99

▶問題p.158

1）っぽい
2）気味だ
3）っぽい
4）気味だった

100

▶問題p.159

1）d
2）c
3）a
4）b

101

▶問題 p.160

1）さえ・も
2）さえ・も
3）さえ・も
4）さえ・も　　さえ・も
5）さえ・も

102

▶問題 p.161

1）b
2）c
3）d
4）a

103

▶問題 p.162

1）c
2）b
3）d
4）a

104

▶問題 p.163

1）c
2）d
3）b
4）a

106

▶問題 p.164

1）らしい
2）らしくない
3）らしくない

Check

▶問題 p.165

1）らしく

2）気味
3）さえ
4）だらけ
5）くらい
6）っぱなし
7）なんか

107

▶問題 p.167

1）合格できてよかった
2）かばんの中に入っていた
3）すごくいい天気になった
4）もう1つ残っていた

108

▶問題 p.168

1）カレーライス・スパゲティ
2）富士山・桜
3）映画を見る・好きな音楽を聞く
4）お皿を並べる・いすを運ぶ

109

▶問題 p.169

1）b
2）c
3）d
4）a

111

▶問題 p.171

1）b
2）d
3）c
4）a

113

▶問題 p.172

1）おなかがすいて

２）暑くて
３）はらが立って
４）不安で

Check 📖

▶問題 p.173

　１）ぬきで
　２）ほど
　３）とか
　４）ついでに
　５）に違いない
　６）かと思った
　７）しょうがない

答え・スクリプト

1 初めての富士登山

▶問題 p.28

問題1

| 1 | 3 | 2 | 1 | 3 | 4 | 4 | 2 |
| 5 | 3 | 6 | 1 | 7 | 2 | 8 | 1 |

問題2

1　**2**　（1→3→**2**→4）
2　**1**　（4→2→**1**→3）
3　**1**　（3→2→**1**→4）

問題3

| 1 | 1 | 2 | 3 | 3 | 3 | 4 | 1 |

問題4

1

1　1　🎧04

女の人が話しています。今の季節はいつですか。

> F：昨年オープンしたこちらのショッピングセンターでは、これまでいろいろなイベントを行ってきました。夏には浴衣のファッションショーを開いたり、クリスマスにはフィンランドからサンタクロースを呼んだりしたそうです。そして今日は、桜の花の形をしたクッキーを配っていました。おいしいと評判の店のクッキーが無料というお知らせを聞いて、たくさんのお客さんが集まり、配り始めるとすぐになくなってしまったそうです。

今の季節はいつですか。

2 4 🎧05

女の人と男の人が話しています。女の人はこの
あと何をしますか。

F：課長、さっき部長からお電話があって、
　事故で電車が遅れていて、打ち合わせの
　時間に間に合いそうにないとおっしゃっ
　ていました。
M：そう。じゃあ、打ち合わせの時間を変更
　しようか。会議室の予約を確認して、ほ
　かのメンバーに連絡してください。
F：はい。確認しましたが、会議室はこの時
　間しか使えないそうです。
M：じゃあ、予定通り始めることにしよう。
　部長に連絡を入れておいてください。
F：はい、わかりました。

女の人はこのあと何をしますか。

2

1 🎧06

M：え!? コート着ないで行くの?
F：1　うん、あまり寒くなさそうだから。
　　2　うん、寒くなりそうだから。
　　3　うん、寒くなったじゃない。

2 ぼくの犬、クロ

▶問題p.41

問題1

1	**2**	2	**2**	3	**1**	4	**3**
5	**2**	6	**4**	7	**1**	8	**3**

問題2

1	**3**	（2→4→**3**→1）
2	**2**	（4→3→**2**→1）
3	**3**	（2→1→**3**→4）

問題3

1	**4**	2	**2**	3	**3**	4	**1**

問題4

1 2 🎧09

教室で先生と学生が話しています。学生はどう
して休み時間に教室から飛び出したのですか。

F：あれ? どうしてみんな卵、持ってる
　の?
M：休み時間に買ってきたんです。先生、今
　日は学校の前のスーパー、卵が88円な
　んですよ。
F：へえ、それでみんなベルが鳴ったとたん
　に教室から飛び出していったのね。どう
　したのかと思った。88円は安いね。私
　もあとで買いに行こうかな。
M：じゃ、これどうぞ。2つ買ってきました
　から。
F：え? いいの? ありがとう。

学生はどうして休み時間に教室から飛び出した
のですか。

2 2 🎧10

女の人と男の人が話しています。男の人はどう
して疲れていますか。

F：佐藤さん、どうしたんですか。お疲れの
　ようですね。
M：ゆうべ、課長に飲みに誘われてさ…。
F：え、2人で飲みに行ったんですか? 何
　か注意されたとか?
M：いや、そうじゃなくて、課長、機嫌がよ
　かったみたいで「飲め、飲め」って次か
　ら次へと…。
F：へえ。
M：ぼくも酒は嫌いじゃないからいいんだけ
　ど…同じ話を何回も聞かされて、大変だ
　ったんだよ。
F：そんなのまじめに聞かないで、勝手に言
　わせておけばいいんですよ。

男の人はどうして疲れていますか。

男の人と女の人が話しています。女の人が子どものときしたくなかったことは何ですか。

M：ねえ、子どものときご両親はきびしかった？

F：そうね、きびしかったかなあ。でも、いろいろやらせてくれたけどね。

M：へえ、例えば？

F：ピアノとかバレエとか、お茶とか。

M：えっ、お茶、習ってたの！？

F：うん。でも水泳も習わされてさ…。

M：へえ、そうなんだ。

女の人が子どものときしたくなかったことは何ですか。

3 市民農園の募集

▶問題p.54

問題1

1	2	2	3	3	1	4	1
5	4	6	2	7	4	8	2
9	2						

問題2

1　2　（3→1→**2**→4）

2　1　（3→2→**1**→4）

3　4　（2→1→**4**→3）

問題3

1	1	2	2	3	3	4	3

問題4

1

男の人が話しています。男の人は野菜作りをして何がいちばんよかったと言っていますか。

M：野菜作りは本当にいいですよ。農園に来て作業をすることによって、仕事のストレスも解消できますしね。最初は何もわ

からなかったんですが、初心者には、野菜の育て方を、親切に教えてくれるんです。言われたとおりに育てたら、トマトとナスがたくさんとれたんですよ。でも、いちばんうれしいのは体の調子ですね。前とぜんぜん違うんです。土を触って体を動かすのがいいんでしょうかね。これにはちょっとおどろいています。

男の人は野菜作りをして何がいちばんよかったと言っていますか。

駅で、男の人と女の人がアナウンスを聞いています。女の人は、電車が止まったことに対してどう思っていますか。

M1：お客様にお知らせします。電車の下から猫の鳴き声がするため、電車を止めて調べています。申し訳ありませんが、少々お待ちください。

M2：あーあ、これじゃあ、時間どおりに着かないね。困ったなあ。遅刻だよ。

M1：お客様にお知らせします。ただ今電車の下の機械に乗っている子猫が見つかりました。

M2：本当に迷惑な話だよね。

F：でも、子猫じゃしょうがないよ。猫にけががなくてよかったんじゃない？

女の人は、電車が止まったことに対してどう思っていますか。

2

美容院で写真を見せて、カットを頼みます。何と言いますか。

F：1　この写真、見てもいいですか。

　　2　この写真のようにしてください。

　　3　この写真、お願いします。

4 水泳大会

▶問題 p.70

問題1

1	**4**	2	**2**	3	**2**	4	**1**
5	**3**	6	**1**	7	**2**		

問題2

1 | **1** （2→4→**1**→3）
2 | **4** （1→2→**4**→3）
3 | **4** （3→1→**4**→2）

問題3

1 | **3** 🎧19

M：先週中止になったイベント、今週やることとになってたっけ。
F：1　え？　イベントやったの？
　2　うん、先週だったの。
　3　ううん、来週やるって。

2 | **1** 🎧20

M：田中さん、まだかなあ。
F：1　今日のこと、忘れてたりして。
　2　今日のこと、忘れたら？
　3　今日のこと、忘れなくちゃ。

3 | **2** 🎧21

M：明日までにレポート書かなきゃ。
F：1　レポート書けて、よかったね。
　2　じゃあ、今日は大変ね。
　3　え？　もう書いちゃったの？

4 | **1** 🎧22

F：この本、どうする？
M：1　そこに置いといて。
　2　そこに置いてあるよ。
　3　そこに置いたっけ。

5 | **3** 🎧23

M：先週行った映画、何ていうタイトルだったっけ。
F：1　ぜんぜん見てないじゃない。
　2　知らないじゃない。
　3　え、忘れちゃったの？

5 手作りハムのレシピ

▶問題 p.83

問題1

1	**1**	2	**2**	3	**4**	4	**2**
5	**1**	6	**1**	7	**1**	8	**3**
9	**2**						

問題2

1 | **3** （4→1→**3**→2）
2 | **1** （3→2→**1**→4）
3 | **1** （4→3→**1**→2）
4 | **1** （4→2→**1**→3）

問題3

1	**2**	2	**1**	3	**4**	4	**3**

問題4

1

1 🎧26

男子学生と女子学生が話しています。男子学生はなぜ女子学生にケーキをあげたのですか。

M：木村さん。明日出す宿題、もう終わった？
F：うん。どうして？
M：実はちょっとわからないところがあって…。見せてもらえないかなあ。
F：また？　しょうがないなあ。
M：いつも悪いね。そのかわりっていうか…これ、よかったら。
F：わあ。これ駅前の新しいケーキ屋さんのでしょ。いいの？　うれしい！

M：よかった。この前食べたいって言ってた
　　から。

男子学生はなぜ女子学生にケーキをあげたので
すか。

2

1 **2** 🎧27

F：ひどいせきだね。会社休めば？
M：1　じゃあ、薬飲んだほうがいいよ。
　　2　休むほどじゃないよ。
　　3　お大事に。

2 **3** 🎧28

F：あ、窓、閉めないでそのままにしておい
　　てくれる？
M：1　じゃあ、すぐ閉めるね。
　　2　じゃあ、開けないよ。
　　3　うん、わかった。

3 **1** 🎧29

M：そんなにたくさん注文したら食べきれな
　　いんじゃない？
F：1　えー、大丈夫だよ。
　　2　じゃ、注文しようよ。
　　3　うん、全部食べたよ。

4 **3** 🎧30

F：このいちご、大きさがばらばらじゃな
　　い。
M：1　うん、そのかわり大きかったんだ。
　　2　うん、そのかわり高かったんだ。
　　3　うん、そのかわり安かったんだ。

6　里山について

▶問題p.99

問題1

1	**1**	2	**3**	3	**2**	4	**1**
5	**2**	6	**1**	7	**1**	8	**3**

問題2

1 **2** （1→3→**2**→4）
2 **3** （2→4→**3**→1）
3 **3** （4→1→**3**→2）
4 **2** （4→3→**2**→1）

問題3

1	**1**	2	**2**	3	**4**	4	**3**

問題4

1 **2** 🎧33

F：お体の具合はいかがですか。
M：1　おかげさまで、早く終わりました。
　　2　おかげさまで、すっかり元気になり
　　　　ました。
　　3　おかげさまで、とてもおいしかった
　　　　です。

2 **3** 🎧34

M：あーあ、あんなこと言うべきじゃなかっ
　　たかなあ。
F：1　うん、言わなかったんじゃない？
　　2　これから気をつけるよ。
　　3　でも、言ってよかったと思うよ。

3 **2** 🎧35

M：遅いですね。山本さんは絶対来るはずな
　　んですが…。
F：1　じゃ、すぐ来てください。
　　2　じゃ、もう少し待ちましょう。
　　3　絶対来てよかったですね。

4 **1** 🎧36

F：予定が変わったらすぐ連絡するべきだっ
　　たんじゃない？
M：1　はい、これから気をつけます。
　　2　はい、すぐ連絡してよかったです。
　　3　じゃあ、お願いします。

5 **1** 〔37〕

M：手伝おうか？　一人じゃ大変じゃない？

F：1　いえ、大丈夫です。

　　2　はい、手伝いますよ。

　　3　はい、おかげさまで。

6 **3** 〔38〕

F：こちらのお部屋はいかがですか。

M：1　もっと安い部屋がいいですか。

　　2　そんな安い部屋はありませんよ。

　　3　もっと安い部屋、ありませんか。

7 不動産屋で

▶問題p.113

問題1

| 1 | **2** | 2 | **1** | 3 | **4** | 4 | **1** |

| 5 | **1** | 6 | **3** | 7 | **2** |

問題2

1 **3** （4→1→**3**→2）

2 **2** （3→1→**2**→4）

3 **2** （1→4→**2**→3）

問題3

| 1 | **1** | 2 | **4** | 3 | **3** | 4 | **1** |

問題4

1 **3** 〔41〕

F：ちょっと待ってもらってもいい？

M：1　はい、待ってもらってもいいです。

　　2　はい、待ってください。

　　3　あ、忙しいようなら、またあとで来ます。

2 **1** 〔42〕

M：今日のご注文ですと、あさってのお届けになりますが…。

F：1　はい、お願いします。

　　2　はい、お届けいたします。

　　3　はい、ご注文です。

3 **1** 〔43〕

M：食事、行かない？

F：1　ごめん、さっき食べたばかりなんだ。

　　2　うん、いつも食べてばかりなんだ。

　　3　うん、食べるもんだから…。

8 就職の面接

▶問題p.124

問題1

| 1 | **4** | 2 | **1** | 3 | **2** | 4 | **1** |

| 5 | **4** |

問題2

1 **1** （2→4→**1**→3）

2 **2** （3→4→**2**→1）

3 **3** （2→4→**3**→1）

問題3

3

問題4

1 **1** 〔45〕

M：やあ、渡辺君。久しぶり。元気だった？

F：1　はい、先生もお元気でいらっしゃいますか。

　　2　はい、先生もたぶん元気でしょう。

　　3　はい、先生も元気になりますか。

2 **2** 〔46〕

M：何か身分を証明するものはお持ちでしょうか。

F：1　はい、お持ちです。

　　2　すみません。何も持っていません。

　　3　いいえ、お持ちじゃありません。

| 3 | 3 | 🎧47 |

F：失礼ですが、どこかでお目にかかりまし
　　たか。
M：1　はい、失礼ですか。
　　2　はい、ぜひお目にかかりたいです。
　　3　はい、先月のパーティーで。

9 お花見

▶問題 p.137

問題1

| 1 | 4 |　| 2 | 3 |　| 3 | 1 |　| 4 | 2 |
| 5 | 3 |　| 6 | 1 |　| 7 | 2 |

問題2

| 1 | 3 |　（2→4→**3**→1）
| 2 | 1 |　（2→4→**1**→3）
| 3 | 1 |　（2→3→**1**→4）

問題3

| 1 | 1 |　| 2 | 3 |　| 3 | 2 |　| 4 | 1 |
| 5 | 4 |　| 6 | 1 |

問題4

1

| 1 | 2 | 🎧50 |

女の人と男の人が話しています。

F：えっ、また本買ってきたの？
M：うん、これ新しく出たんだ。おもしろそ
　　うだから。
F：読みかけのが何冊もあるのに。
M：これは絶対最後まで読むよ。
F：この前もそんなこと言ってたじゃない。
　　また読み終わらないうちに、新しいのを
　　買ってくるに決まってる。

女の人は男の人がどうすると思っていますか。
1　買ってきた本を最後まで読むと思ってい
　　る
2　買ってきた本を最後まで読まないと思っ

ている
3　読みかけの本を最後まで読むと思ってい
　　る
4　新しい本を買わないと思っている

| 2 | 3 | 🎧51 |

女の人が部長と話しています。

F：部長、失礼します。
M：上田君、どうしたの？
F：あの、すみません、えーと…あさってしめ
　　切りの書類の件なんですが…。
M：ああ、先週頼んだあれね。もうできた？
F：あ、いえ、その…このところ忙しくて、
　　まだやりかけでして…。データを整理し
　　てからでなければ書けないんですが、実
　　はあさって、出張が入ってしまいまして
　　…。
M：君にとっては難しい書類じゃないだろ
　　う？　出張は朝から？
F：いえ、あの、午後からなんですけど。
M：じゃあ、午前中に出しておいてくれれば
　　いいから。
F：は、はい、でも…。
M：じゃ、がんばって。期待しているよ。
F：はい…。

女の人は部長のところへ何を言いたくて来まし
たか。
1　書類ができたこと
2　データを整理してから、書類を書くとい
　　うこと
3　書類のしめ切りをのばしてほしいという
　　こと
4　あさって出張すること

2

| 3 | 🎧52 |

雨が降りそうです。何と言いますか。
M：1　雨が降ったら早く行こう。
　　2　雨が降っているから早く行こう。

　　3　雨が降らないうちに早く行こう。

10　ゆきの選択

▶問題 p.154

問題1

1	**4**	2	**1**	3	**2**	4	**3**
5	**1**	6	**2**	7	**1**	8	**1**

問題2

1	**1**	（3→2→**1**→4）
2	**2**	（1→3→**2**→4）
3	**3**	（4→2→**3**→1）
4	**4**	（3→1→**4**→2）

問題3

1	**4**	2	**1**	3	**3**	4	**1**

問題4

1

　1 🎧55

頭が痛いので早く帰りたいです。何と言います
か。

　M：1　早く帰らせていただけませんか。
　　　2　早く帰っていただけませんか。
　　　3　早く帰らせていただきましょう。

2

| 1 | **1** | 🎧56 |

　F：先生、最近せきが止まらないんです。き
　　　っとインフルエンザだと思うんです。
　M：1　インフルエンザとは限りませんよ。
　　　2　インフルエンザでしょう？
　　　3　せきが止まらないと思いますよ。

| 2 | **1** | 🎧57 |

　M：準備が終わったところに雨が降ってき
　　　て、お祭り、中止になったんだ。
　F：1　それは残念だったね。

　　2　お祭り、楽しかった？
　　3　早く準備したほうがいいね。

| 3 | **3** | 🎧58 |

　F：この服、デザイン古いし、もう捨てるし
　　　かないかなあ。
　M：1　うん、捨てっこないよ。
　　　2　うん、捨てるとは限らないよ。
　　　3　うん、捨ててもいいんじゃない？

11　友だちのお見舞い

▶問題 p.174

問題1

1	**4**	2	**3**	3	**2**	4	**1**
5	**4**	6	**4**	7	**2**	8	**1**
9	**2**						

問題2

1	**3**	（1→4→**3**→2）
2	**2**	（4→1→**2**→3）
3	**3**	（2→1→**3**→4）

問題3

1

　1 🎧61

女の人と男の人が話しています。女の人はこの
あと何をしなければなりませんか。

　F：どうしたんですか。朝から山岡さんの電
　　　話、鳴りっぱなしですね。
　M：実は新商品に問題があって、今からお客
　　　さんのところへ謝りに行かなくちゃいけ
　　　ないんだ。
　F：何か手伝いましょうか。
　M：ありがとう。帰ってきてからお願いする
　　　よ。
　F：わかりました。じゃ、会議の資料をコピ
　　　ーしに行ってきます。
　M：じゃ、悪いけど、ついでにこれもコピー

しておいてくれる？
F：わかりました。

女の人はこのあと何をしなければなりませんか。

2

| 1 | **1** 🎧62

F：エアコンつけっぱなしだよ。
M：1　あ、消すの、忘れてた。
　　2　あ、もう消えたようだね。
　　3　あ、消えそうだよ。

| 2 | **2** 🎧63

M：最近ちょっと疲れ気味で…。
F：1　じゃあ、休むね。
　　2　少し休んだほうがいいよ。
　　3　うん、休んでもいい？

| 3 | **3** 🎧64

F：泥だらけじゃない。どうしたの？
M：1　違うよ。泥だらけだよ。
　　2　早くシャワー浴びてよ。
　　3　今そこで転んじゃったんだ。